公共管理专业课程

思政案例集

姜玲　吕丽◎主编

经济管理出版社
ECONOMY & MANAGEMENT PUBLISHING HOUSE

图书在版编目（CIP）数据

公共管理专业课程思政案例集/姜玲，吕丽主编 . —北京：经济管理出版社，2023.7
ISBN 978-7-5096-9171-7

Ⅰ.①公… Ⅱ.①姜… ②吕… Ⅲ.①高等学校—思想政治教育—教案（教育）—中国
Ⅳ.①G641

中国国家版本馆 CIP 数据核字（2023）第 152516 号

组稿编辑：申桂萍
责任编辑：谢　妙
责任印制：许　艳
责任校对：陈　颖

出版发行：经济管理出版社
　　　　　（北京市海淀区北蜂窝 8 号中雅大厦 A 座 11 层　100038）
网　　　址：www.E-mp.com.cn
电　　话：（010）51915602
印　　刷：唐山玺诚印务有限公司
经　　销：新华书店
开　　本：720mm×1000mm/16
印　　张：12
字　　数：182 千字
版　　次：2023 年 7 月第 1 版　　2023 年 7 月第 1 次印刷
书　　号：ISBN 978-7-5096-9171-7
定　　价：78.00 元

前　言

2020 年教育部印发《高等学校课程思政建设指导纲要》（以下简称《纲要》），明确指出全面推进课程思政建设是落实立德树人根本任务的战略举措。为进一步落实《纲要》内容，2021 年教育部办公厅发布《关于开展课程思政示范项目建设工作的通知》，提出开展课程思政示范课程、教学名师、教学团队和教学研究示范中心建设工作。

中央财经大学政府管理学院一直坚持立德树人理念，顺应新时代国家发展需要和当代哲学社会科学发展趋势，不断探索"思政引领＋赛学融通＋多堂联动"的人才培养模式，在专业建设、课程建设、教材建设方面取得多项突破。学院获批国家首批一流本科专业建设点、国家首批一流本科课程、全国高校思想政治工作"金微课"，以及财政部、住房和城乡建设部规划教材立项等，一批优秀中青年教师和优秀学子脱颖而出。

为持续推进课程思政建设，寓价值观引导于知识传授和能力培养之中，学院组织骨干教师依托国家一流本科课程、"时雨微课"建设课程等，撰写本案例集。通过展示公共管理专业课程思政教学案例，对学院课程思政建设成果进行阶段性总结，以期为全面提升学院课程思政育人水平提供基本参照，为打造课程思政示范课提供交流平台。

本书收集的案例主要包括三类：一是基于整体课程体系的系统思政设计；二是将课程思政元素融入某一知识点的教学设计；三是与课程知识点结合的中国经

验和中国方案的凝练总结。无论哪一类型，都尝试将课程思政融入课程目标设计、教学大纲修订、教材选用、教案课件编写的各方面，对如何实现价值塑造、能力培养、知识传授三位一体的课程思政建设进行了讨论。

　　本书的出版得到了学校领导、专家学者以及学院全体老师的大力支持，在此对他们表示衷心的感谢！课程思政建设是落实立德树人根本任务的重要举措，构建全面覆盖、类型丰富、层次递进、相互支撑的课程思政体系还需要不断探索。本书的课程实践设计案例只是基于公共管理专业课程做出的一些探索性实践，难免存在局限，恳请广大读者批评指正。

姜　玲

2023 年 5 月

目　录

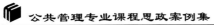

01. 社区管理课程思政的组织与建设

姜 玲

2016 年 12 月，习近平总书记在全国高校思想政治工作会议上明确指出，把思想政治工作贯穿教育教学全过程，实现全程育人、全方位育人，努力开创我国高等教育事业发展新局面。① 2018 年 5 月，习近平总书记在北京大学师生座谈会上的讲话对全国高校思想政治工作会议作了进一步深化，明确了坚持办学正确政治方向、建设高素质教师队伍以及形成高水平人才培养体系三项基础性工作。② 次月，教育部召开新时代全国高等学校本科教育工作会议；同年 9 月印发了《教育部关于加快建设高水平本科教育　全面提高人才培养能力的意见》，围绕三项基础性工作展开进一步学习及部署。2020 年 5 月，《教育部关于印发〈高等学校课程思政建设指导纲要〉的通知》为全面推进高校课程思政建设提供了行动指南。高校课程思政教育是全面提高人才培养质量的重要任务，亟须探索"大思政"教育格局以顺应新时代的要求，深度挖掘各个学科专业知识中蕴含的思政元素，调动教师承担德育工作的责任感、使命感与主动性，建立全员全方位、有机

作者简介：姜玲，中央财经大学政府管理学院教授，院长。研究方向：城市治理、城市规划、社区管理等。

① 全国高校思想政治工作会议 12 月 7 日至 8 日在北京召开 [EB/OL]. (2016-12-08). http://www. gov. cn/xinwen/2016-12/08/content_5145253. htm#1.

② 在北京大学师生座谈会上的讲话 [EB/OL]. (2018-05-03). http://www. gov. cn/xinwen/2018-05/03/content_5287561. htm.

协同的思政教育体系。

社区是党和政府联系群众、服务群众的"神经末梢",是政府治理和社会治理的"最后一公里"。中央财经大学政府管理学院社区管理课程组聚焦专题内容—思政元素—实践案例"全覆盖",探索形成了"教—学—赛—研"的立体化课程教学模式。本案例将围绕为什么要重视课程思政建设、如何开展课程思政建设以及课程思政建设的反思与展望三个方面,以北京市课程思政示范课社区管理为例进行介绍。

一、课程思政建设具有重要意义

课程思政建设是立德树人的必然要求。立德树人是每位教师的光荣使命。在长期的教学实践中,我们重视知识传授和能力培养,力求在相对完整的通识教育、学科专业体系中,向学生传授学科前沿知识,培养学生的创新性思维。然而,过度强调专业知识本身,忽视知识背后所蕴含的价值内涵以及对学生世界观、人生观、价值观的正确引导,容易导致人才培养偏离"初心"。如何将中华民族传统美德与社会主义核心价值观融入教育全过程,让教育在价值文化熏陶中"回归自然""顺应自然",是重要的时代命题。青年学生正处于人生的关键时期,其价值取向在某种程度上决定了未来整个社会的价值取向。培养学生的道路自信、理论自信、制度自信、文化自信,是当代课程思政教育的应有之义。

课程思政建设是教师职业价值的重要维度。在社会多元价值交织、渗透的复杂背景下,教师工作面临新的、更高的要求。一是在讲授专业知识的同时,还需阐述知识演化的逻辑及其蕴含的精神、价值、思想、艺术和哲学。二是面向国家需要培养人才,必须旗帜鲜明、毫不含糊,落实立德树人根本任务,引导学生用主人翁的态度思考问题,将政治认同、国家意识、文化自信等思想政治教育导向与各类课程知识、专业技能传授有机融合,扎根中国大地办教育。三是在讲授思政课程时要层层剥笋,不牵强、不刻意,遵循学生的认知规律。①

---

① 高德毅,宗爱东.从思政课程到课程思政:从战略高度构建高校思想政治教育课程体系〔J〕.中国高等教育,2017(1):43-46.

新时代教师不仅要把论文写在中国大地上，更重要的是培养学生科学研究的能力和讲好中国故事的能力。在这个过程中，教师的职业价值得到了提高和升华。

课程思政建设是解决学科教育困境的重要助力。过去大学的学科教育普遍存在三大困境：一是思政教育与专业教育割裂的"孤岛效应"。大学很多学科的传统教学更多依赖于西方理论和案例，难以有效发挥专业教育的思政育人功能。二是思政供给与学生需求错位的"时代矛盾"。新时代学生群体性特征快速变化，价值塑造的教育需求与传统的"纯思政"供给模式已不再匹配。三是学科教育与中国情境脱节的"死亡之谷"。传统公共管理类教学长期存在广博的理论学习与丰富的中国情景相脱钩的矛盾。课程思政建设就是要在公共价值凝练（价值塑造）、基础知识学习（知识讲授）、中国故事讲述（能力培养）三者契合点上建构教学结合点，推动思政教育之"盐"融入专业教育之"汤"。

因此，正如《高等学校课程思政建设指导纲要》所要求的，必须将价值塑造、知识传授和能力培养三者融为一体、不可割裂。全面推进课程思政建设，就是要寓价值观引导于知识传授和能力培养之中，帮助学生塑造正确的世界观、人生观、价值观。这一战略举措，影响甚至决定着接班人问题、国家长治久安问题，民族复兴和国家崛起。所有高校、所有教师、所有课程都应承担好育人责任，守好一段渠、种好责任田，使各类课程与思政课程同向同行，将显性教育与隐性教育相统一，形成协同效应，构建全员全程全方位育人大格局。①

二、社区管理课程思政建设的探索

（一）课程思政总体设计

课程是开展教育活动的重要渠道，也是集中体现和反映教育思想、人文精神的重要载体。然而，由于不同学科的学科性质有所差异，课程教学中可能不同程度地隐化了教育本身的文化内涵，难以发挥思政功能。那么，如何挖掘学科知识

---

① 教育部关于印发《高等学校课程思政建设指导纲要》的通知［EB/OL］.（2020-06-05）. http：//www. moe. gov. cn/srcsite/A08/s7056/202006/t20200603_462437. html.

与思政教育的逻辑关联，真正实现化"盐"于"水"，成为亟待解决的问题，社区管理课程思政建设努力通过理论探索—思政元素—实践案例结合的方式来解决这一问题。

1. 课程思政设计的原则与主体内容

首先，挖掘阐释好学科理论与中国情境、中国创新之间的关系。长期以来，存在思政课与学科课"两张皮"的问题，究其根本，是我们没有厘清理论研究的本质内涵，没有把握好理论与实践的辩证关系。公共管理学科发轫于行政学，20 世纪 50 年代，西方公共行政学理论被引入中国，后逐渐发展为公共管理学、治理学。在中国经验、现代治理体系问题提出之前，我国公共管理一直处于中西方研究差异较大、课程讲授大多基于西方理论的状态，教师讲授不深入、学生理解不深刻的问题普遍存在。如何将公共管理理论真正融入中国本土实践，讲好理论渊源、传承精髓、讲好中国故事、凝练中国经验、形成中国理论，是当前公共管理学科面临的重要挑战和机遇。

公共管理学科具有课程思政的天然属性。经过多年探索，我们找到了二者之间的结合点——公共价值，即公共管理学科课程思政属性的根本基础在于其对公共性—公共价值探究的变化，并在学生培养方案中较早提出了公共价值引领的目标定位。近 20 年来，"公共价值引领"成为公共管理学科的前沿命题。公共管理关注公共事务、公共产品。何艳玲在《"公共价值管理"：一个新的公共行政学范式》中对公共管理进行了系统论述。治理趋向于政府、社会共同管理的架构，在一定程度上回应了全球气候变暖、资源匮乏等一系列当前人类面临的现实问题。公共价值有别于传统公共行政的"效率"、新公共服务的"公平"以及新公共管理的"绩效"，强调公民价值偏好与政府价值建构的融合，为理解行政实践中的公共怹问题和行政价值问题提供了丰富的可操作路径。① 1995 年，美国哈佛大学的资深教授马克·H. 穆尔在《创造公共价值：政府战略管理》一书中提出了"公共价值"的概念，强调政府管理的最终目的就是为社会创造公共价

---

① 何艳玲．"公共价值管理"：一个新的公共行政学范式［J］．政治学研究，2009（6）：62-68.

值。① 在创造公共价值的过程中，公共部门管理者应该扮演战略家的角色，具备敏锐感知公民需求、有效利用资源等多种价值创造能力。近年来，国内高校也逐渐将公共价值引领、立足学科前沿、服务国家需求作为人才培养的理念。中央财经大学政府管理学院早在 2007 年就明确了公共价值引领的人才培养导向，在课程体系建设中强化对不同情境下如何界定、衡量公共价值，如何推动多元主体共创公共价值，如何构建具有中国特色的学科治理体系等一系列问题的探讨，着力实现思政引领。

其次，挖掘阐释好现实问题、关键科学问题、解决方案的中国经验。为了帮助学生更好地理解"公共价值引领"的本质内涵，我们积极探索理论与实践的结合，尝试通过一些问题引导学生思考与学习。例如，中国基层治理超越科层化了吗？中国基层治理的整体势能是如何形成的？各主体扮演了何种角色？

社区管理课程正是基于以上思路，聚焦思政元素与理论链接、中国经验与科学问题回应两方面进行设计。社区管理课程是面向城市管理专业大二和行政管理专业大三本科生开设的专业选修课，2011 年进入培养方案，目前已开设 11轮。课程以社区问题"小切口"培养学生"大格局"，发挥首都高校区位优势，立足首都社区治理实践，讲好基层治理的"中国故事"与"首都经验"，帮助学生树立正确的价值观，使其掌握社区管理的基本原理、方法和工具，培养学生探究社区问题并付诸行动的实际能力。社区管理课程共 16 讲，分为 12个主题和 2 次现场教学。12 个主题涵盖社区治理框架、社区管理内容、社区管理趋势、城乡融合背景下的特定类型社区治理；2 次现场教学是带领学生去往劲松北社区进行老旧小区改造实践的现场教学和石景山区城市管理监督指挥中心进行智慧社区治理的现场教学。课程实现了知识点—思政元素—首都案例"三位一体"全覆盖。在专业教育方面，让学生了解我国社区治理的演进、探索、成就和创新；在思政教育方面，重点讲好中国之治、人民城市、城市管理的精准与效率、包容与共享的顶层设计；在实践教育方面，立足北京，以"街

---

① 马克·H. 穆尔. 创造公共价值：政府战略管理 [M]. 伍满桂，译. 北京：商务出版社，1996.

乡吹哨、部门报到""接诉即办"等鲜活案例讲好北京故事。

专栏

讲好社区管理的"首善"故事

　　北京基于打造世界一流首善之区，在基层治理和社区治理方面进行了大量探索，形成了首都和特大城市治理的典型经验。如何立足北京市实践探索和创新、突出北京特色和优势、讲好"首善"故事具有重要意义。课程对应的每一讲均附有北京市各城区社区治理的典型做法和典型案例，并加入全国其他省份或国外典型社区治理案例进行对比分析，充分体现实践教学特色。

　　1. 社区治理概述

　　思政元素：树立社区管理的"中国梦"，立足我国社区建设，放眼世界各国社区发展，知己知彼、强化自信。

　　2. 社区管理主体协同

　　思政元素：认识中国特色城乡基层治理的红色基因、时代特征和比较优势；配套案例：海淀区学院路街道石油共生大院等。

　　3. 居民参与和社区营造

　　思政元素：了解居民参与的制度安排与参与内容，加深对政策过程中居民参与机制的理解。

　　配套案例："朝阳群众"、三社联动等。

　　4. 社区服务与市场提供

　　思政元素：充分认识我国社区服务发展取得的历史成就。

　　配套案例：朝阳区"三率"提升等。

　　5. 社区实践教学

　　思政元素：了解如何提供满足人民美好生活需求的社区服务。

6. 社区卫生

思政元素：结合"健康中国"战略了解我国社区卫生服务的发展进程。

配套案例：以"首善"标准筑牢社区疫情防控"首道墙"等。

7. 社区环境

思政元素：习近平生态文明思想在绿色可持续社区建设中的运用。

配套案例：北京市社区垃圾分类实践探索。

8. 社区安全

思政元素：理解总体国家安全观在我国社区综合治理中的作用。

配套案例：北京大兴区智慧消防社区等。

9. 社区教育

思政元素：理解社区教育如何塑造社区共同价值观。

配套案例：北京朝阳国际人才社区、"双减"政策落地等。

10. 大数据与社区治理

思政元素：老龄化背景下跨越社区治理中"数字鸿沟"的研讨。

配套案例："12345"政务服务便民热线"接诉即办"等。

11. 新时代社区规划与更新

思政元素：新时代社区治理体系和治理能力现代化的探索，为未来社区治理提供中国方案。

配套案例："劲松模式""首开经验"。

12. 新市民化社区治理

思政元素：掌握我国新市民社区治理的研究进展、实践中的主要对策及创新举措。

配套案例：燕郊、天通苑、回龙观等社区。

13. 特定类型社区治理

思政元素：新时代基层党建引领乡村治理创新。

配套案例：海淀区八家村、顺义区西水泉村等。

14. 劲松北社区现场教学

思政元素：党建引领的老旧小区改造和多元治理。

15. 石景山区城市管理监督指挥中心现场教学

思政元素：城市综合管理和服务改革如何向基层延伸和下沉。

2. 课程思政的目标与模式

（1）建设一个体系。建设面向"中国之治"的"专业+思政"知识与实践体系。课程团队恪守课堂规范、引领价值塑造，精心打造面向"中国之治"的"专业+思政"知识与实践体系，紧扣首都社区治理实践、把握理论知识点，在思政元素融入、基础知识学习、研究能力训练三者契合点上建构教学结合点和能力培养一体化框架，有力推动思政教育之"盐"融入专业教育之"汤"。

（2）实现两个覆盖。所有专题实现"思政元素+首都案例"两个全覆盖。社区是党和政府联系群众、服务群众的"神经末梢"，是政府治理和社会治理的"最后一公里"。基于课程天然的思政属性，课程团队立足首都社区治理实践，推进所有专题内容思政元素和实践案例"全覆盖"，让学生更好地理解制度优势，坚定"四个自信"，讲好基层治理的"中国故事"和"首都实践"。

（3）推动三堂联动。"教学一课堂、实践二课堂、竞赛三课堂"多堂联动。通过耦合课程学习、实践教学和竞赛实践各环节，紧抓思政元素、专业知识和社会实践有机结合，激发学生以实践问题为导向的学习兴趣和以学科竞赛为平台的学习动力，将社区治理实践问题转化为课堂案例、学生课题，检视思政教育和专业教育过程，改进教学内容与方法，提升人才综合能力。

3. 课程思政的特色、亮点与创新点

一是做到因事而化，思政元素全面覆盖，深度融入专业课程。发挥课程天然的思政属性优势，立足首都基层治理中的典型经验与模式，遵循思政和专业教育规律，在专业教学中强化思政教育。

二是做到因时而进，跟踪首都治理实践，赋能课堂思政教学。发挥北京高校的地缘优势，扎根首都治理实践，深入挖掘其中的思政元素，提高学生的专业素养、激发学生的公共情怀。

三是做到因势而新，推进赛学融通模式，激发课程思政活力。发挥学科竞赛、社会实践对学生的兴趣激发功能，鼓励和指导学生用学术语言讲好中国治理故事和首都最新实践。

（二）教学样例设计：党建引领下的老旧小区改造与多元共治

本部分的对象是老旧小区改造，主题是"党建引领下的老旧小区改造与多元共治"，是一次"现场+课堂"理论与实践结合的教学。

1. 本专题的源起

本专题源于我们发现的一个趋势，即学生非常关注城市"安居""宜居"问题。随着国家"棚户区改造""老旧小区改造"等一系列安居工程的实施，学生从新闻中看到了很多报道和热议，发现了很多可以研究的问题，主动开展了案例研究，并参加各类学科比赛。但是，受资源所限，学生缺乏系统的调查研究，成果深度有限。

课程团队自 2018 年起开始关注这个主题，并将其纳入课程内容，组织学生到北京市朝阳区劲松社区等单位开展跟踪调研，邀请街道和社区等相关人士进课堂讲解老旧小区改造的进展和面临的问题。随着"劲松模式"被写入北京市"十四五"规划，相关素材更加丰富，团队又带领学生深挖"党建引领、五联共治"的经验，分析治理模式降低社会资本参与改造的交易成本的路径与机制，并尝试提出未来可持续治理的建议。经过四年的探索，逐步形成了本专题的内容。为提升课程思政的效果，本专题坚持以学生为中心设计教学系列活动，将学生学习活动"链条化"，并将"碎片化"活动整合起来，不断强化学习和训练，发挥人才培养的整体性效果。

2. 本专题的理论基础

在专业知识方面，讲授存量城市化时代老旧小区改造的需要和意义，介绍国际经验，重点引导学生讨论社区更新与我国老旧小区改造的异同、面临的共性难题等。"成本合理共担""共建共享共治"，以及对城市土地公共价值的"归公"

"再配置"是影响社区更新的基本因素和内在逻辑，也是本专题的核心知识点。

3. 本专题的思政元素融入

本专题从人民中心、公共价值最大化、多元共治、党建引领等方面出发构建体系，旨在给学生讲好"老旧小区改造"场景下社区治理的中国故事，带领学生聚焦当下亟须解决的问题并开展创新性探索。

一是从"人民城市"理念的历史演进出发，让学生理解我国城市"安居工程"与老旧小区改造这项民生工程的重要意义。通过辨析我国城市"安居工程"与老旧小区改造与国外在 20 世纪六七十年代开始的"城市更新""社区更新"的联系与区别，给学生讲清楚国内外城市更新的出发点、动力机制、治理主体的作用机制等。我国的城镇老旧小区改造是一项重大的民生工程、发展工程、城市社会治理现代化工程，与市场化导向的城市更新不同，该工程首先考虑的是如何保障居民的基本权益，如何实现宜居，真正体现以人民为中心的城市发展理念。

二是从政策系统分析出发，让学生理解我国的"政策试验、先行先试""因地制宜、精准施策""规范制度、示范推广"的审慎政策过程，深刻理解政策制定和执行逻辑，体会我国的制度优势。我国老旧小区改造起步于 1997 年的上海，经过多年的探索、试点与推进，各地"因地制宜、精准施策"，形成了典型模式与经验，例如，北京的"劲松模式"，以党建引领，强有力的街道、社区动员支持，社会资本的进入和参与，实现"五联共治"，并逐步推广示范。课程要给学生讲清楚我国的制度势能、多元共治的中国实践和社会主义制度的本质，将其有机融入课程中，让学生"以小见大"来理解中国的治理优势，这是本课程思政教学的核心。

三是用"劲松模式"讲清楚"党建引领、多元共治"在社区治理中发挥的作用。"党建引领、多元共治"是在众多治理领域和案例中都会提到的经验，但是如果不把党建是如何逐步嵌入、如何发挥降低社会参与和社会资本交易成本的作用机理说清楚，缺少扎实的案例调研和总结，学生就无法真正理解"党建引领"的作用。同时，要给学生讲清楚社会资本及居民主体的适度合理参与等重点内容，引导学生思考如何将国际案例中的先进经验与中国实践相结合，进一步做好中国方案的系统设计。

三、课程思政建设的反思与展望

在课程思政建设的过程中，我们一直在摸索：好的课程思政课要具备哪些条件？课程组形成了以下共识：

一是必须重视教学基本功，做好课程准备。一节好的课程思政课需要精心打磨，上好一门课、写好一本教案、做好一本教材、讲好一堂课，都是一件需要仔细打磨的事情。投入端需充分吸收中央财经大学教务处的课程地图、中央财经大学教师发展中心的最美课堂等一系列分享的精髓，以学科理论与中国实践有机融合为导向，"设计好"课程思政课；过程端需强化团队合作，在常态化教学研讨中不断丰富、完善课程设计，"运维好"课程思政课；产出端需以学生为导向，动态跟进学生学习动态，提高课堂质量，打造精品课堂，"讲授好"课程思政课。

二是坚持课程建设的根本在于立德树人，立足学生需求进行组织。在就业、升学等多方面的压力下，如何让学生静下心、沉住气，专注知识、深耕学习，不仅需要培养学生的专注力，更需要帮助学生寻找"兴趣点"，将感兴趣的话题转化为研究问题，并进一步内化为学习动力。其中，问题意识的培养尤为重要。应积极倡导学生"从实践中来，到实践中去"，建立导师制培养模式，带领学生寻找"真问题"，研究"真问题"，并借助课程论文、毕业论文、学科竞赛等形式，培养学生提出问题、分析问题、解决问题的能力。

三是课程思政建设必须要有科学设计和配套举措。要适应新时代混合教学的特性，积累和建设好课程思政教学资源库，形成"思政—专业"思维导图库、案例库、学生成果库等。

02. 公共决策理论与方法课程思政的设计与实施

宋魏巍

公共决策理论与方法为政府管理学院行政管理专业的主干课,授课对象主要为行政管理专业本科生。本课程具有完备的教材、教学方案及授课材料。课程以教材知识体系为主线设计实践教学活动,在巩固学生理论知识体系的同时,培养其学术科研能力及实践操作能力。公共决策理论与方法课程以习近平新时代中国特色社会主义思想为指导,全面贯彻落实习近平总书记把思想政治工作贯穿教育教学全过程的要求,依托公共决策课程翻转课堂,讲述中国故事,展现中国智慧,立足传统教学,耕植一二课堂,指向实践创新,把社会主义核心价值观融入教学,实现思政教育和专业教育协同育人。

一、公共决策理论与方法课程思政的设计思路

公共决策理论与方法课程围绕当前政府改革与实践实例,将公共部门决策的理论、方法与决策相结合,增强学生思想政治的先进性、学术研究的前沿性、调研分析的主动性。课程思政建设目标主要包括:通过全流程实践教学,让学生充分了解并掌握公共决策问题与过程的本质、公共部门决策的理论基础、公共部门

作者简介:宋魏巍,中央财经大学副教授,硕士研究生导师,MPA教育中心副主任。研究方向:数字政府、大数据与公共管理。

决策的基本方法及其应用等关键知识点，并通过实践调研有效培养学生发现问题、分析问题、解决问题的能力。结合中央财经大学知识、能力、素质、人格并重的本科生人才培养要求和公共管理学科的公共价值人才培养导向，将课堂教学、实践教学、案例教学有机结合，设计"教—学—赛—研"全过程培养链条，形成课程思政引领的"课堂—实践—案例—政策/行业"四位一体的育人模式（见图1）。

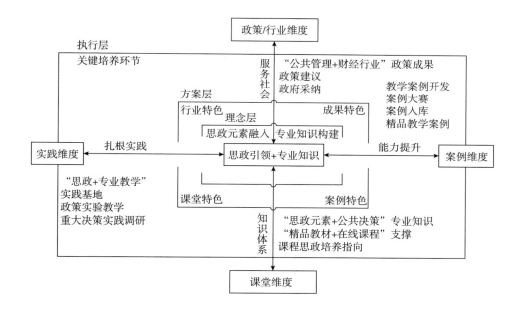

图1　公共决策理论与方法课程思政的建设思路

以课程思政丰富公共决策知识学习的精神内涵，以思政融入探索公共决策专业教学的新形式，以实践教学构建知识成果转化的主渠道，以"课研赛"互促筑牢实践创新能力培养的强基地，将思政贯穿于课程教学的全过程。构建"思政+决策"的知识体系，培养学生的知识学习能力；结合决策案例开展实践教学，引导学生认识社会、研究社会、理解社会、服务社会，塑造学生的专业知识应用能力；通过政策分析和行业服务实现课程、科研、竞赛互促，提升学生的实践创新能力。公共决策理论与方法课程利用线上线下教学资源，采用翻转课堂和实践教学形式，运用多样化教学方法和现代化教学工具，注重学生的思想锻造、知识学习和能力提升，润物无声地引导学生将个人成长与祖国前途命运紧密相连。

（一）引入时事热点专题，实现思政引领的潜移默化

将时事热点专题引入课堂教学，精准提炼思政元素，彰显思想引领下的公共决策专业知识学习的时代特色。激发时代青年主动掌握专业知识，领航新时代、建功新征程的奋斗热情。

（二）强化知识体系构建，形成思政与专业学习同频共振

课程围绕知识节点开发实践教学案例，通过"理论知识+实践案例"深度结合的课程设计，既提高课程的政治站位和理论高度，又强化公共决策专业教学的知识深度，形成思想政治教育和专业教学的同向同行。

（三）扎根中国决策实践，凸显专业知识的学以致用

课程立足并扎根当代中国决策实践，提供学习公共决策理论知识的深厚土壤。以思政为引领，以专业为基础，回归公共决策实践，充分发挥专业知识在政治、经济和社会生活中的作用，彰显学以致用的务实学风。

二、课程思政的实施

（一）课程方案：挖掘思政元素，形成思政引领的课程理念

针对公共决策中的各个环节及专题精准提炼思政元素，以思想政治构建课程育人格局。注重培养学生对国家时事热点的认知能力，形成对社会主义核心价值观的深刻理解。

（二）课前引导：解读思政内涵，激发公共决策互动参与的思想共鸣

在课前，以中国公共决策的鲜活案例为切入点，引导学生提前开展专题学习。开发教学案例库，建成有效案例 60 余个，以案例展现新时代深化改革的决策动力，激发学生主动参与公共决策理论学习与实践的思想共鸣。

（三）课堂教学：融入思政理念，打造思政与专业相融合的知识网格

在课堂上，将思政理念融入知识讲授过程，形成思政热点与专业知识联动的知识网格。采用案例分析、理论讲解、互动讨论等方法丰富公共决策教学内

容，实现思想政治与专业知识"如盐化水"式的深度融合，让学生将思想政治"内化于心"。

（四）课后实践：发挥思政价值，培养高素质、专业化公共管理人才

在课后，引导学生自主学好专业知识，同时做社会主义核心价值观的传播者和践行者。带领学生前往政府机构、企事业单位开展实践教学，强化学生理论联系实际的实操能力，把论文写在祖国的大地上，实现思想政治的"外化于行"。

三、课程思政的特色与创新

（一）弥合知识学习与专业实践互促提升问题，跨越研究成果向实践领域转化的"衔接鸿沟"

以实现专业教育和思政教育协同育人为导向，建立"课堂—实践—案例—政策/行业"的无缝培养链条，打通知识成果转化渠道。2019 年，指导由本科生、硕士研究生组成的团队赴北京市海淀区调研智慧社区建设，撰写了《城市治理与社区服务双向联动的便民智慧社区建设调研报告》，被相关单位采纳应用。2021~2022 年，基于课程团队组建研究兴趣小组，积极投身 2022 年北京冬季奥运会赛事志愿服务研究工作，通过问卷调查、访谈调查、现场调研等多种形式收集三个赛区志愿者的数据，撰写了《疫情防控背景下志愿者闭环管理中的心理调适调研报告》，在志愿服务积极性提升、志愿者成长等方面提出了建设性的对策方案和工作参考，被 2022 年北京冬季奥运会组委会采纳。课题研究成果应用于北京冬季奥运会、冬季残奥会赛事服务保障工作，为北京冬季奥运会、冬季残奥会的胜利举办贡献了力量。

（二）搭建校内外教学资源联动桥梁，建设课程思政教学资源体系

依托校内外师资团队、实践教学基地开发有效教学案例 60 余项，建成公共决策理论与方法课程思政教学案例库。我们与北京海泰方圆科技股份有限公司合作建立课程实践基地和实验室，邀请数据分析工程师入校授课，共同开发出了大数据平台建设案例，并成为研究中国大数据发展战略决策的典型案例资源。

（三）采用线上线下、案例、互动参与等多元化教学方法，构建基于翻转课堂的课程思政教学新形式

本课程已完成在线教学资源建设工作，并与 10 余家政府机构、企事业单位合作建立实践基地，利用多元教学方法开展翻转课堂，为课程思政教学建立完善的方法支撑。

四、教学案例设计——基层数字治理中的决策问题及解决方案

互联网、大数据、人工智能等新兴技术的发展为基层治理赋予了新的形式、增添了新的方法。基于数字治理的基层治理也成为数字政府建设在基层社会治理中的新形态。在技术发展日益更迭的今天，基层数字治理有深刻的社会逻辑和技术逻辑，以基层现实问题为导向，提出数字治理方案和应对措施成为当前基层治理发展的趋势。基层数字治理面临哪些问题？基层治理过程中的决策问题包括哪些？有着怎样的解决路径与措施？如何有效总结新技术环境下基层治理的中国方案与中国智慧？上述问题构成"基层数字治理中的决策问题及解决方案"这一教学案例的主要内容。

（一）教学目标

1. 知识目标

帮助学生构建公共决策问题及其解决方案的知识体系，提升学生的专业素养。

2. 能力目标

结合知识传授与实践案例分析，提升学生运用理论知识分析问题、解决问题的能力。

3. 育人目标

通过海淀区"智慧社区"建设帮助学生了解技术发展与应用前沿，以实践增强学生的家国情怀，激发学生的使命担当。

（二）教学的重点与难点

（1）通过翻转课堂帮助学生加深对公共决策问题基本知识点的理解。

（2）生动形象地介绍案例，并将其与公共决策问题及其解决方案进行结合，

激发学生的学习兴趣，为思政教育提供接入口。

（3）将理论知识有效带入北京市海淀区"智慧社区"建设实践案例，既明确专业学习主线，又强化思政引领效果，实现专业教育和思政教育的协同育人。

（三）课程思政案例介绍

围绕教学目标，讲解公共决策问题及其解决方案的理论知识，将一二课堂深度结合，以案例讨论、实践教学等多元化教学形式建构教学情境。主要包括以下三个方面教学内容：

（1）讲解公共决策问题及其解决方案的核心知识点，如公共决策问题及其发现、公共决策问题的类型、公共决策的目标、公共决策方案的特性及其限制性分析。巩固课程思政教育的知识基础。

（2）对公共决策问题及其解决方案的重点知识进行精讲，并在翻转课堂中进行讨论。围绕思政教育的课程着力点和专业知识着力点激发学生产生思想共鸣。

（3）带领学生前往实践教学基地——在北京市海淀区"城市大脑"和北坞嘉园"智慧社区"指挥中心开展实践教学，结合知识点分析实践问题。以实践案例增强学生对中国特色社会主义建设事业的信心，激发学生的爱国热情。

（四）教学方法与手段

（1）运用翻转课堂的方式开展课堂教学，首先通过在线教学让学生建立基本知识体系；其次通过课堂精讲和研讨加深学生对知识点的理解。

（2）结合案例教学法和互动参与式教学法开展课堂讨论，提高学生的课堂参与度，激发学生弘扬正能量的内生动力。

（3）运用直观演示法和现场教学法开展实践教学，加强学生对公共决策问题及其解决方案的理解，同时强化其对中国决策实践经验和成就的认知，从而激发思想共鸣。

（五）教学过程

1. 知识讲授——知识构建

本部分主要包括公共决策问题的概念与内涵、发现决策问题的程序和方法、公共决策问题的类型、公共决策的目标、问题解决方案的特性与限制性分析。

2. 启发互动——发散思维

本部分主题为智慧社区的概念和功能。教师将学生进行分组（每小组5~7人），从现实生活讲起，引导学生展开想象。例如，你理想的居住环境是什么样的？科技应该怎样参与你的生活？

以新冠肺炎疫情防控期间的人脸识别为例，引导学生将技术与日常生活紧密结合。以"你理想中的智慧社区是怎样的？"发起在线投票，使用在线教学工具统计结果（课前设计好投票选项，将投票程序置入PPT）。学生使用手机提交投票（见图2）。

图2 预设课堂调查问卷

根据投票结果，引出"什么样的智慧社区才是理想中的智能化社区"的话题，并向学生强调智慧社区的标准：

（1）便捷性。社区管理系统能够便捷、高效地处理各项事务，如快速、准确的人脸识别。

（2）精确性。社区管理系统能够精准识别问题，并向调度中心进行提示。

（3）智能化。社区管理系统能够尽量通过计算机程序完成事务处理，如陌生人识别、井盖异常报警、安全异常提示等。

（4）人性化。在社区内出现异常情况时，系统能够尽量友好地处理相关事务，如身份识别过程中的无感模式。

3. 问题探讨——理论分析

本部分主题为海淀区"智慧社区"建设决策的问题及解决方案，教学采用翻转课堂的形式，并将学生进行分组（5~7人为1个小组）。

基于对智慧社区的探讨，提出与本节课相关的理论问题：在北京市海淀区依托"城市大脑"建设智慧社区的案例（线上教学导入案例）中，公共决策问题是什么？面对社区管理的问题，智慧社区建设决策的方案是怎样的？每组学生围绕问题展开讨论。规定时长为10分钟，前5分钟教师不介入小组讨论，避免学生产生紧张情绪，鼓励学生畅所欲言。后5分钟教师参与小组讨论，对讨论问题发表个人看法，并对学生讨论进行指导。讨论完成后，每组选出一位同学汇报本组的讨论结果，限时1分钟，并将讨论结果投屏至PPT，方便进行总结比较。

4. 思政启发——思想共鸣

本部分主题为海淀区"智慧社区"建设决策的感想，采用翻转课堂的形式开展，并将学生进行分组（5~7人为1个小组）。

根据智慧社区建设中的决策问题及解决方案的探讨，继续提出思政问题：智慧社区建设怎样体现中国科技创新的优越性？提示有5分钟讨论和总结时间，时间到进入演讲回答环节。同时，播放智慧社区建设相关视频。

5. 实践设计——全面认知，树立自信

通过设计海淀区"智慧社区"建设实践教学，明确调研目标和调研思路，以全面获取需要用到的有效数据。让学生明确实践教学的主题和组织情况，并预设实践教学需达到的目标。同时，课程将思政教育潜移默化地融入课程实践过程，在实践教学的过程中强化专业课程的思政育人效果。

（1）实践教学主题。北京市基层数字治理中的决策问题及解决方案。

（2）实践单位。海淀区"城市大脑"；北坞嘉园"智慧社区"试点小区。

（3）组织形式。教师组织学生集体前往实践单位考察调研。

（4）教学目的。了解海淀区"城市大脑"建设过程；了解北坞嘉园"智慧社区"的功能、现状、问题及未来发展方向。

（5）参加人员。授课教师、全体学生、海淀区"城市大脑"运营负责人与技术人员及北坞嘉园社区工作人员。

（6）前期准备。教师指导学生以小组为单位对实践案例背景展开网络调研与分析，掌握实践案例的基本情况，为实践教学中的深化学习做好准备。

（7）实践过程。一是考察海淀区"城市大脑"运营体验中心。由"城市大脑"工作人员向全体师生讲解其运作模式、功能定位、技术支持等。二是考察北坞嘉园"智慧社区"建设成果。由"城市大脑"技术人员和社区工作人员讲解智慧社区建设历程、现状、面临的问题及解决思路。

在北坞嘉园"智慧社区"指挥中心现场开展座谈交流。师生就"智慧社区"建设过程中的决策问题、决策过程、决策方案进行提问，工作人员进行解答。

对实践调研进行总结。邀请"城市大脑"运营负责人和社区工作人员对调研进行总结；学生代表对本次调研活动进行总结，发表感想；教师对实践调研收获进行总结，并向实践单位反馈调研结论，为"智慧社区"项目的完善提供建议。调研结束后，教师指导学生完成调研报告和案例分析报告。

（六）实施成效

通过本课程的学习，学生掌握并理解公共决策问题及其解决方案的理论知识，能够将专业知识应用于基层数字治理实践，并显著提升问题分析与解决能力。思政元素的挖掘与融入深度激发了学生对数字中国建设的共鸣。具体教学成果如下：

1. 学科竞赛

基于本硕一体化培养思路组建学生团队，本科生、硕士研究生联合开发公共管理实践案例。基于课程实践教学撰写的《莫让智慧社区披上智慧的外衣——技术驱动型基层治理的老问题与新思路》在第五届中国研究生公共管理案例大赛中荣获一等奖、"最佳案例奖"，授课教师获"最佳指导教师奖"。

2. 成果采纳

授课教师带领学生撰写调研报告《城市治理与社区服务双向联动的便民智慧社区建设调研报告》被北京市人民政府相关部门采纳，获北京市政府主要领导肯定性批示。

（七）课程调控与反思

教师在课程设计中充分征求教学团队意见，并咨询校内外专家以获得教学指导，增强课程设计的合理性和科学性；在课程教学进程中对课程效果跟踪调研，了解学生的学习需求和学习困难，并及时加以解决。同时，与实践单位保持沟通，获得实践单位的理解和支持，及时发现课程实施中存在的问题并调整。

（八）课程考核

本课程采取全过程考核方法，通过知识学习、社会实践、调研报告全方位考察学生的学习效果、问题分析及解决能力。主要包括以下三种考核形式：①课堂出勤。考察学生在一二课堂中的出勤情况。②课堂参与度。考察学生在课堂互动、案例讨论、实践调研中的参与效果。③调研报告。以小组为单位撰写实践调研报告、案例分析报告，进行分析报告演示。要求各小组注明成员分工及完成情况。考察主要包括三个维度：①对公共决策基本理论与知识点的掌握程度；②对公共决策方法与技术的掌握程度；③对决策实际问题把握的敏锐度。课程总成绩为 100 分，其中，平时成绩占 40%、期末考核占 60%。平时成绩主要包括课程参与度、实践教学参与度、实践教学及课程参与效果；期末考核以研究报告的形式考察。

03. 政府预算管理课程思政的
组织与建设

杨燕英

习近平总书记指出，高校思想政治工作关系高校培养什么样的人、如何培养人以及为谁培养人这个根本问题。要坚持把立德树人作为中心环节，把思想政治工作贯穿教育教学全过程，实现全程育人、全方位育人，努力开创我国高等教育事业发展新局面。① 习近平总书记进一步指出，要教育引导学生正确认识世界和中国发展大势，从我们党探索中国特色社会主义历史发展和伟大实践中，认识和把握人类社会发展的历史必然性，认识和把握中国特色社会主义的历史必然性，不断树立为共产主义远大理想和中国特色社会主义共同理想而奋斗的信念和信心；正确认识中国特色和国际比较，全面客观认识当代中国、看待外部世界；正确认识时代责任和历史使命，用中国梦激扬青春梦，为学生点亮理想的灯、照亮前行的路，激励学生自觉把个人的理想追求融入国家和民族的事业中，勇做走在时代前列的奋进者、开拓者。② 高等学校不仅是对学生进行专业教育的场所，更是开展意识形态教育的重要阵地，关系到培养什么人的重大问题，需要高度重视

作者简介：杨燕英，中央财经大学教授，博士研究生导师，公共事业管理系主任。研究方向：政府经济学、政府预算管理、政府购买公共服务等。

① ② 把思想政治工作贯穿教育教学全过程 开创我国高等教育事业发展新局面［EB/OL］．（2016-12-08）．http：//www.moe.gov.cn/jyb_xwfb/s6052/moe_838/201612/t20161208_291306.html.

思想政治教育与专业教育的相交、相融，让学生在接受专业教育的同时，提高政治站位，切实提升思想道德水平，真正成为对国家、对民族、对人民有益的公共管理精英人才。因此，将思政元素融入专业课堂教学，是新时代中国特色社会主义制度下高等学校育人树人的重要要求，也是每一位专业教师必须高度重视的问题。

政府预算管理是一门专业性很强的课程，研究的是作为国家治理现代化基础和重要支柱的财政核心问题——政府预算管理。政府预算是政府行政的财政基础，也是重要的物质保障，在政府管理中居于非常重要的地位。现代政府预算作为公共资源配置的工具，涉及公共权力和各种复杂的利益关系，反映了政府的公共受托责任，体现着现代政府的行政成本和行政效率，关系到国家的经济社会发展和人民福祉，因此教师在专业教学的过程中，必须把握好政治站位，将思政元素有效融入其中，让学生更加清楚地了解我国政府预算管理进行资源配置的目的、政府履职的目标、加强政府预算管理与发展全过程人民民主之间的相互关系、政府预算管理与服务型政府建设之间的关系、与时俱进不断深化政府预算管理改革的目的、为什么我国政府预算管理制度在深化改革过程中既注重与国际接轨又强调保持自身特色的重要性等一系列问题，并在此基础上让学生更加深刻地理解中国共产党立党为公、执政为民的执政理念，深刻理解建立和发展中国特色社会主义财政理论的重要意义。

一、政府预算管理课程简介

政府预算是一个国家财政框架体系的核心内容，规范、透明、高效的预算制度是保证公共产品及服务有效供给的重要制度安排，提供了人们向政府表达偏好并借以监督和制约政府行为的最佳渠道，为保证政府的决策与实施行为真正对广大民众和纳税人负责提供了一个有效机制[①]。政府预算的形成与实施过程，反映了复杂的政治学、法学、经济学、管理学、社会学等一系列问题，可以从不同的学科视角对其开展研究。近年来，随着《中华人民共和国预算法》及其实施条

---

① 李燕. 政府预算理论与实务：第四版［M］. 北京：中国人民大学出版社，2021.

例的修订与施行，我国公共财政领域进行了全方位改革和创新发展，取得了显著的成效，不仅有效地推动了政府行政管理体制的深化改革，也有力促进了中国经济社会的快速发展，切实提升了人民群众的获得感和幸福感。面对人民日益增长的美好生活需要和不平衡不充分的发展之间的矛盾，政府预算管理必须顺应新时代的制度要求，不断深化改革和完善体制机制。为此，教师在政府预算管理课程的教学中，必须坚持在努力提升学生专业能力素养的同时，注重引导学生牢固树立社会主义核心价值观，着力培养学生的爱国主义精神和家国情怀，使其未来成为爱党、爱国、爱人民并愿意为之而努力奋斗的公共管理精英人才。

二、政府预算管理课程思政建设的目标

政府预算管理课程的思想政治价值是指在政府预算管理课程的专业教育之中融入思想政治元素，对学生的思想政治意识、专业能力素养等产生积极的影响和正面的引导作用，解决传统专业教育只重视知识技能培养的弊端，把思想政治价值嵌入专业学习过程，将专业知识内容与思政价值元素紧密融合，使学生在学习过程中明白政府预算作为政府运转和经济社会发展的重要物质保障，其与服务型政府建设是密不可分的，都是为了实现好、维护好、发展好最广大人民的根本利益，健全国家基本公共服务体系，提高公共服务水平，促进经济社会各项事业均衡发展，增强人民群众的获得感和幸福感。因此，政府预算管理课程思政建设的目标就是通过将思政元素深度融入课程教学，引导学生树立正确的世界观、人生观和价值观，理性看待中国政府预算改革过程中的借鉴与吸收、学习与创新，达到为国育才、立德树人的效果，实现学生公共价值情怀和专业能力素养双提升的教学效果。

（一）激发学生坚定"四个自信"

通过将思政价值融入政府预算管理课程教学之中，启发学生了解不同社会制度的国家在政府预算管理的理论和运行机制上既有相同之处，也有不同之处，各国都会根据自身国情，确定适合自己的预算管理体制机制和运行模式，国家之间既相互借鉴，又各具特点。党的二十大报告明确指出，新时代新征程中国共产党

的使命任务是："从现在起，中国共产党的中心任务就是团结带领全国各族人民全面建成社会主义现代化强国、实现第二个百年奋斗目标，以中国式现代化全面推进中华民族伟大复兴。"从 2020 年到 2035 年基本实现社会主义现代化；从 2035 年到本世纪中叶把我国建成富强、民主、文明、和谐、美丽的社会主义现代化强国。未来五年是全面建设社会主义现代化国家开局起步的关键时期。我国要全面建设社会主义现代化强国，必然要求政府管理的各个领域都要与时俱进地进行深化改革。作为政府财政管理核心内容的政府预算管理，必须顺应建设社会主义现代化国家的要求，更好地优化预算资源配置，提升财政资金分配和使用的效率、效益和效果，努力推动经济社会的高质量发展，让广大人民群众享受更多和更高水平的优质公共服务和社会福利。因此，将社会主义核心价值观深度融入政府预算管理课程，能够促使学生更加了解党为人民服务的宗旨，激发学生坚定中国特色社会主义道路自信、理论自信、制度自信、文化自信。

（二）提升学生的综合素质

将思政元素融入政府预算管理课程教学，不仅能提升学生的专业素养，使其了解政府预算管理从预算编制—预算审批—预算执行—决算等基本运行流程和相关管理制度要求，而且可以使学生更加清楚权为民所用、情为民所系、利为民所谋的道理，让学生牢固树立社会主义核心价值观，将为人民服务的理念根植于心，坚守法治思维，提升道德水准，促使其逐步成长为具有坚定的理想信念、强烈的家国情怀、高尚的道德情操、良好的文化素养、遵守法律法规的党和国家需要的公共管理精英人才。

三、政府预算管理课程思政教学改革探索

（一）教学目标

1. 价值引领目标

通过介绍中国政府预算制度的历史脉络，让学生理解和体会在中国共产党领导下中国百年来发生的翻天覆地的变化。通过对我国政府预算管理体制和运行体系的学习，使学生了解中国共产党在领导人民创造美好生活的过程中虽然出现了

曲折，但中国共产党仍然坚定目标、百折不挠，以巨大的政治勇气，带领全国人民坚定信心、不怕困难、奋勇前行，体现出中国共产党一往无前的责任担当，引导大学生将未来的个人发展与国家发展和社会需要紧密结合、与中华民族的伟大复兴紧密结合，坚定信心跟党走，做新时代的奋斗者。

2. 知识传授目标

通过对政府预算管理国际国内改革的经验介绍，让学生了解曾经各国在顺应形势发展进行政府预算改革时所面临的难点、痛点。通过系统介绍政府预算管理的基本理论、制度框架、运行机制、管理模式、监督管理等，帮助学生全面理解政府预算管理体系构成、体制机制以及与代议制机构之间的相互关系，使其真正理解政府预算在一国经济社会发展中的重要地位和影响效应，促使其形成对政府预算的全面、系统认识。通过介绍我国政府预算管理改革历程，使学生了解每一次改革的背景、目标、内容、措施以及实施效果等，引导学生理解中国改革发展过程中政府预算管理发挥的重要作用。

（二）思政价值融入

思政价值融入政府预算管理课程教学内容规划如表1所示。

表1　思政价值融入政府预算管理课程教学内容规划

授课重点章节内容	思政元素融入点	思政教育设计	授课形式与教学方法
一、政府预算的基本理论	1. 政府预算内涵 2. 政府预算原则 3. 政府预算政策 4. 政府预算模式	1. 中国共产党执政为民理念下的政府预算制度基本原则 2. 中国特色社会主义制度下建设现代预算制度的基本要求 3. 党的十八届三中全会以来对我国财政预算制度改革的定位与要求	理论分析、翻转课堂
二、政府预算的起源与发展	1. 西方现代预算制度的产生及影响 2. 我国现代预算制度的产生及背景 3. 现代预算制度产生的比较及启示	1. 我国社会主义民主政治制度下的政府预算制度改革及发展 2. 以人民为中心的执政理念在政府预算管理中的体现	文献阅读、分组讨论

续表

授课重点章节内容	思政元素融入点	思政教育设计	授课形式与教学方法
三、政府预算管理的基础	1. 政府预算管理的要素及流程 2. 政府预算管理的组织体系 3. 政府预算管理体系 4. 政府收支分类 5. 政府预算管理信息化	中国特色政府预算管理体制的理论自信与制度自信	模拟教学、专题讨论、案例分析
四、政府预算的规划与编制	1. 政府预算的编制依据及规范要求 2. 政府预算体系构成 3. 预算编制的前置基础要素 4. 部门预算的编制 5. 总预算的编制	1. 中国共产党以人民为中心的执政理念 2. 习近平新时代中国特色社会主义思想 3. 党的十八大以来深化政府预算改革的实践与创新	视频导入、课堂互动、案例教学
五、政府预算审查与批准	1. 政府预算审查批准概述 2. 我国政府预算审批内容、流程和方法 3. 典型国家政府预算审批特点和借鉴	1. 推进全过程人民民主在政府预算审查和批准中的实践 2. 中国共产党代表的是最广大人民的根本利益 3. 中国共产党领导人民发展社会主义民主政治	热点讨论、案例教学、视频导入、小组展示
六、政府预算执行与调整	1. 政府预算执行的含义和内容 2. 政府预算执行组织保障与职责分工 3. 国库管理与预算执行 4. 政府采购与预算执行 5. 政府收入与支出的执行 6. 政府预算调整与监控	1. 新时代新征程中国共产党的使命任务 2. 社会主义民主法制下的强化预算约束力	沉浸式教学、专题讨论、案例分析、翻转课堂
七、政府决算、财务报告与预算绩效管理	1. 政府决算的基本内容 2. 政府财务报告的内涵 3. 政府预算绩效管理	1. 社会主义民主法制下的预算公开与透明 2. 坚持全面依法治国，推进法治中国建设	沉浸式教学、案例分析、热点讨论
八、政府预算监督与问责	1. 政府预算监督概述 2. 我国政府预算监督的主要内容及完善 3. 预算风险控制与监督 4. 预算问责及法律依据	1. 党的十八大以来反对腐败的相关决议和制度建设 2. 坚持权为民所用、情为民所系、利为民所谋 3.《中国共产党问责条例》	课堂互动、视频导入、案例教学、翻转课堂

（三）教学方法

1. 沉浸式教学

政府预算管理课程内容涉及大量理论及应用，特别是政府预算的形成过程、管理体制和运行机制等问题具有政治性、法制性和技术性，需要学生融入其中体验人大监督是如何制约政府财政行为的，人大监督的目的、目标和监督机制是如何在政府预算的关键环节发挥作用的。因此，教师通过创建场景，引导学生沉浸其中进行体验，可以快速地使学生了解预算监督的重要意义和基本操作模式，能够让学生清晰权为民所用的公共价值体验。

2. 模拟教学

政府预算管理是一门政策性、法制性和制度性很强的课程，其政策制定构成政府公共政策的重要组成部分，会对经济社会发展产生直接影响。在不同的背景和形势下，如何调整政府预算政策的目标、制定政策措施、确定政策实施范围和预期政策实施效果，是政府预算管理中非常重要的问题。因此，教师通过模拟教学法，为学生构建相应的时代背景，启发学生利用所学理论，模拟确定政策目标、政策措施和政策实施保障机制，使其更加明确如何在公共政策制定过程中践行社会主义核心价值观，将以人民为中心的执政理念在预算政策制定和实施过程中加以落实。

3. 视频导入教学

对于重要的改革节点和党的重大会议中关于财政改革和建立现代预算制度的相关内容，教师通过导入视频来提升学生的感性认识，使学生了解党和国家的重大战略决策和方针政策出台的背景、改革目标和改革发展的总要求，更加生动地诠释党的重大战略决策和方针政策对加强政府预算的重要指导作用，以及通过政府预算管理落实重大战略和方针政策将给中国经济社会带来的影响及对提升人民福祉的重要作用。

4. 专题讨论

政府预算是一个技术性和实践性很强的问题，在实践中往往会遇到一些现实难题，成为政府预算管理中的痛点和难点，这需要政府秉持为人民服务的宗旨，基于政府预算管理基本理论，在实践中不断开拓思路，大胆改革创新。因此，教师通过组织学生进行重点问题的专题讨论，启发学生活学活用政府预算管理的专业理论和基础知识，结合中国国情和改革发展实践要求，大胆提出自己的观点、方法和思考，从而促进学生理论与实践相结合的应用能力提升。

5. 案例教学

围绕将思政元素融入政府预算管理课程建设的总目标，教师选取具有思政元素且兼具重要专业知识点的相关案例，从思政价值和知识价值双向维度开展案例教学，着重提升学生利用所学的政府预算管理知识来发现问题、分析问题和解决问题的能力，启发和引导学生充分认识到我国社会主义制度的先进性和体制优势，认识到中国共产党在领导中国人民不断前进的过程中如何克服艰难险阻一步一步迈向胜利的伟大历程。

6. 翻转课堂

通过要求学生提前预习课程内容、思考相关问题、在课堂上清晰提问，结合教师有针对性回答问题和讲解相关知识点的方式，引导和启发学生关注政府预算管理与经济社会发展之间的相互关系，在前期的自我学习过程中深度思考，有逻辑地提出问题，从而锻炼学生主动学习、深入学习的能力，并促使学生在学习中自主探究中国共产党为什么"能"，马克思主义为什么"行"，中国特色社会主义为什么"好"，从而进一步坚定学生的理想信念。

四、政府预算管理课程思政案例

（一）案例介绍

为进一步深化财税体制改革、建立现代财政制度，优化财政资源配置，不断提升公共服务质量，解决我国预算绩效管理存在的突出问题，推进国家治理体系和治理能力现代化，必须加快建成全方位、全过程、全覆盖的预算绩效管理体系，党中央、国务院决定在我国全面实施预算绩效管理。2018年9月《中共中央 国务院关于全面实施预算绩效管理的意见》（以下简称《意见》）正式印发，其成为我国政府预算管理领域的指导性文件，并由此掀开了在政府财政管理领域全面实施绩效管理的崭新一页，这份文件也成为政府预算绩效管理领域的纲领性文件。

《意见》中明确了全面实施预算绩效管理的必要性，指出我国经济已由高速增长阶段转向高质量发展阶段，正处在转变发展方式、优化经济结构、转换增长动力的攻关期，建设现代化经济体系是跨越关口的迫切要求和我国发展的战略目标。发挥好财政职能作用，必须按照全面深化改革的要求，加快建立现代财政制度，建立全面规范透明、标准科学、约束有力的预算制度，以全面实施预算绩效管理为关键点和突破口，解决好绩效管理中存在的突出问题，推动财政资金聚力增效，提高公共服务供给质量，增强政府公信力和执行力。

《意见》确定了全面实施预算绩效管理的指导思想和基本原则，提出了要构建全方位预算绩效管理格局、建立全过程预算绩效管理链条、完善全覆盖预算绩效管理体系、健全预算绩效管理制度和硬化预算绩效管理约束等一系列总体要求，为我国全面实施政府预算绩效管理指明了方向和实施的路径。

（二）案例教学设计与思政融入

（1）明确我国为什么要在新时期全面实施预算绩效管理。

（2）全面实施预算绩效管理与深化政府行政管理体制改革之间的关系。

（3）全面实施政府预算绩效管理对政府财政管好人民的"钱袋子"的影响和作月。

（4）如何看待我国全面实施预算绩效管理在党和政府施政中的意义和作用。

（5）引导和带领学生更加准确把握全面实施预算绩效管理的制度建设、方法应用和影响效应，从而更加深刻地理解服务型政府建设的内涵，进一步加深学生对政府预算管理专业知识的理解及其在国家的政治、经济、管理、社会发展等一系列领域中的重要作用，帮助学生树立正确的人生观和价值观，培养其使命感和责任意识。

五、反思与展望

政府预算管理课程将思政价值与专业教育紧密融合，能够有效激发学生学习政府预算管理专业理论的积极性，使学生充分认识到政府预算管理不仅涉及国家战略的实施，也直接影响经济社会发展的方方面面，对引导市场充分发挥对资源配置的决定性作用和更好地发挥政府作用具有重要的意义。通过综合运用政府预算管理课程的翻转课堂、视频导入、模拟教学、沉浸式体验、案例分析和专题讨论等教学方法，能够有效促使学生更加深入理解和掌握相关专业知识，并在这一过程中更好地培养学生的思想道德素质、家国情怀和公共责任意识，更加清晰地理解中国道路、中国特色、中国方案和中国经验，从而更加热爱我们的国家，更加愿意为党、为国家、为人民而努力学习，培养学生成为国家建设需要的有用人才。多年的教学实践已经清晰地证明了这一点，很多学生在学习政府预算管理课程后表示，课程不再因太过专业而枯燥乏味，而是更加生动有趣，能够将很多看似宏观的理论落到实处，让他们更加坚定了理想信念，明确自己的人生目标是什么，未来的路该怎样走，应该如何让自己成为真正对国家、对人民有用的专业人才。

今后，政府预算管理课程仍将坚持把思政元素紧密融合到教学内容和课堂实践之中，采用更加丰富和多元化的方式，提高学生的学习兴趣，激发学生深入思考，用更加生动的事实教育学生树立远大理想，成为国家的栋梁之材。

04. 社会保障学课程思政建设与思考

2016 年，习近平总书记在全国高校思想政治工作会议上指出，做好高校思想政治工作，要用好课堂教学这个主渠道，思想政治理论要坚持在改进中加强，其他各门课都要守好一段渠、种好责任田，使各类课程与思想政治理论课同向同行，形成协同效应。① 一直以来，我国高校是党进行意识形态教育工作的重要阵地，高校思想政治工作的核心内容是我国高校要为国家和社会培养什么样的人以及如何培养人的问题。

2017 年 2 月，中共中央、国务院印发《关于加强和改进新形势下高校思想政治工作的意见》，明确要求充分发掘和运用各学科蕴含的思想政治教育资源。② 2020 年 5 月，教育部印发《高等学校课程思政建设指导纲要》，对课程思政的任务、目标、内容等方面做出了具体要求，为全面推进高校课程思政建设、实现思想政治教育贯穿人才培养体系提供行动指南。③ 课程思政作为新时代党加强高校人才培养和思想政治教育的新要求、新举措、新方向，要紧紧抓住教师队伍"主

作者简介：吕阳，中央财经大学政府管理学院副教授。研究方向：公共管理、财政政策、环境政策。

①　全国高校思想政治工作会议 12 月 7 日至 8 日在北京召开［EB/OL］.（2016-12-08）. http：//www. gov. cn/xinwen/2016-12/08/content_5145253. htm#1.

②　中共中央　国务院印发《关于加强和改进新形势下高校思想政治工作的意见》［EB/OL］.（2017-02-27）. http：//www. gov. cn/xinwen/2017-02/27/content_5182502. htm.

③　教育部关于印发《高等学校课程思政建设指导纲要》的通知［EB/OL］.（2020-06-05）. http：//www. moe. gov. cn/srcsite/A08/s7056/202006/t20200603_462437. html.

力军"、课程建设"主战场"、课堂教学"主渠道",构建全员全程全方位育人大格局。

社会保障制度是现代国家最重要的社会经济制度之一,关系到社会每个成员基本的物质和生活保障,是促进社会安定、经济增长和社会进步的重要保障性制度。社会保障学是在社会学、经济学、管理学、政治学等多学科的基础上发展起来的一门综合性学科,主要研究社会保障现象和社会保障行为过程中形成的各种经济社会关系,以及制约这些关系产生和发展的规律。① 社会保障学的研究领域主要包括社会救助、社会保险、社会福利、社会优抚、公共卫生、社会服务、社会保障理论、社会保障发展等。社会保障学是我国公共管理、财政学教育的重点课程之一,是研究公共管理、国家治理和共同富裕等重要议题的基础性学科。

本课程尝试采用"融入式教学模式",将习近平新时代中国特色社会主义思想融入教材、融入课堂教学、融入社会实践。将党的二十大精神及共同富裕等重大发展思想融入社会保障学课程教学的理论与实践探索,对社会保障学课程思政建设进行反思与展望,以期为推进新时代社会保障学课程思政建设提供参考。

一、社会保障学课程的思政价值

社会保障学课程思政价值是指将思想政治教育元素融入社会保障课程中,对学生的思想意识、行为举止、能力素养等产生的作用和影响。社会保障学课程思政寓"价值"在于打破思政课程"孤岛化"现象,使学生在学习社会保障领域专业知识的同时,明确政策和制度为谁服务,以及立德树人的效果,实现为人民服务的能力与素养双提升的教学目标。根据课程思政的建设目标,可以将社会保障学课程的思政价值分为基本思政价值和学科思政价值。②

（一）基本思政价值

社会保障学客观上具备与其他思想政治教育课程相同的基本思政价值,具体

---

① 陈元刚. 社会保障学［M］. 大连：东北财经大学出版社,2019.
② 赖志杰,李春根,方群. 论社会保障学的课程思政价值与实践路径［J］. 社会保障研究,2022（2）：95-102.

是指该课程在大学生思想政治教育方面应承担的基本任务，即该课程要紧紧围绕坚定学生理想信念，以爱党、爱国、爱社会主义、爱人民、爱集体为主线，贯彻习近平总书记在全国高校思想政治工作会议上的重要讲话精神和中共中央、国务院及教育部等一系列文件的要求，围绕政治认同、家国情怀、文化素养、法治意识、道德修养等重点优化社会保障学课程教学内容，在课程教学中将理想信念根植于学生的心中，明确制度的基本价值观和根本目标，做到"守好一段渠、种好责任田"。同时，社会保障课程的教学内容应与思想道德修养、马克思主义基本原理概论等思想政治理论课保持同向同行，将中国特色社会主义教育、社会主义核心价值观教育、法治教育、中华优秀传统文化教育等理论融入日常授课，提升学生的思想道德素养。

（二）学科思政价值

社会保障的主要教学内容是社会保障基本理论和社会保障政策实践，与我国经济政治社会紧密相连。我国的社会保障学教学应立足中国国情，体现中国共产党的执政理念，彰显中国特色社会主义制度优势，宣传我国现代化建设和党百年奋斗成果。因此，我国的社会保障学的特殊学科思政价值包括：一是社会保障学根植中国国情，通过渐进改革和探索，把国际经验与自身实际紧密结合，形成了符合中国发展阶段和国情、反映中国人民物质文化生活需要、适应时代发展要求的中国特色社会保障体系。二是社会保障学是经济社会发展的根本性、保障性制度，体现了中国共产党"人民至上"的执政理念，在教学中应将这种思想融入社会保险、社会救济、社会福利等各部分，有针对性地设计各部分政策的思政元素和思政目标。三是我国的社会保障制度从无到有、再到体系日益完善，是党和国家强大战略规划能力的体现。通过社会保障学介绍我国社会保障制度实践的标志性成就，可以使学生深刻领会坚持党坚强有力、集中统一的领导，全国一盘棋、集中力量办大事是成就中国特色社会主义社会保障事业的法宝，也是社会主义制度优势的体现。四是我国自古以来就形成了社会保障思想，如儒家学说的"仁政"思想、墨家兼爱互利互助思想等，对现代社会保障制度的建立也有一定的参考和借鉴作用。学生在学习过程中，可以体会并增强对中华传统文化的文化自信和对中国特色社会主义理论体系的理论自信。

二、社会保障学课程思政教学改革探索

（一）教学目标

1. 价值引领目标

通过介绍中国社会保障制度产生的过程和形成的主要政策，让学生理解和体会中国共产党领导的正确性以及中国特色社会主义体系的优越性，引导大学生树立正确的世界观、人生观和价值观，把学习奋斗的具体目标同服务社会、服务人民的目标相结合，鼓励学生做时代的奋斗者，实现个人价值。

2. 知识传授目标

通过系统梳理国内外社会保障思想的发展脉络和改革、社会保障理论基础和流派、社会保障制度安排，以及我国全覆盖的城乡基本养老、医疗、工伤、失业保险制度以及社会救助制度等，有助于学生全面理解社会保障的发展规律和方向以及社会保障实施的重要意义，进而构建完整的社会保障理论。

3. 能力培养目标

通过课程学习，帮助学生学会结合社会发展基本规律分析我国社会保障实践的能力，培养学生提出问题、分析问题、解决问题的逻辑思维能力以及实践应用能力。同时，引入思政元素，有助于培养学生的政治思维能力。

4. 素养提升目标

在授课过程中，通过案例教学和课外实践，将人文素养、科学精神、健康生活、责任担当等核心人文素养的理念传递给学生，培养身体与心理健康，具有人文关怀精神的社会公民。

（二）教学的重点与难点

1. 教学重点

社会保障理论及学术前沿问题、我国社会保障体系的构成、管理和改革情况、社会保障中的政府责任、社会保障各领域的相关政策梳理和研究。

2. 教学难点

我国社会保障制度的改革与优化、新时代中国社会保障理论的发展与创新。

（三）教学内容

课程思政教学内容改革要以专业课程为载体，找准专业知识与思政元素之间的"契合点"，将思政元素融入社会保障学课程理论知识体系中，选择合理的授课形式与教学方法，对重要知识点进行解读。社会保障学教学内容规划如表1所示。

表1　社会保障学教学内容规划

授课重点章节内容	思政元素融入点	思政教育设计	授课形式与教学方法
一、社会保障概述	1. 社会保障的功能 2. 社会保障制度模式 3. 社会保障发展历程	1. 中国共产党的执政理念 2. 制度自信、文化自信 3. 习近平总书记关于社会保障的重要论述	翻转课堂、视频资源
二、社会保障制度改革	1. 国外社会保障制度的改革 2. 中国社会保障制度的改革 3. 社会保障制度改革中西方对比分析	1. 制度自信、文化自信 2. 社会主要矛盾 3. 以人民为中心的执政理念	专题文献阅读、分组讨论
三、社会保障法	1. 社会保障法的基本概述 2. 社会保障法的历史发展	1. 法治意识 2. 理论自信、制度自信	案例教学、主题辩论
四、社会保障的政府责任	1. 政府责任的理论依据 2. 政府责任的发展趋势 3. 我国社会保障中政府的履责现状	1. 以人民为中心的执政理念 2. 习近平新时代中国特色社会主义思想	探究式教学、课堂讨论、案例教学、视频资源
五、老年社会保障	1. 老年健康保障和福利服务 2. 我国老年福利事业 3. 我国老年社会保障制度	1. 习近平总书记关于养老保障的重要论述 2. 中国特色社会主义建设理论 3. 养老保障自我责任意识	热点问题探讨：人口老龄化背景下老年人养老何去何从？ 主题辩论、案例教学、视频资源、分组分主题小组展示
六、就业社会保障	1. 失业保险 2. 失业预防和就业扶助 3. 中国就业社会保障制度	1. 习近平总书记关于就业社会保障的重要论述 2. 平等观 3. 社会主义劳动价值观 4. 就业保障自我责任意识	热点问题探讨：加班文化的社会背景与优化路径？ 案例教学

续表

授课重点章节内容	思政元素融入点	思政教育设计	授课形式与教学方法
七、医疗社会保障	1. 医疗社会保险 2. 国内外医疗保障制度及改革发展的对比分析	1. 习近平总书记关于医疗保障重要论述 2. 公民责任和自我保障责任意识 3. 健康中国建设	热点问题探讨：如何打破医疗"数据孤岛"现象，建立健康共同体思路？ 案例教学
八、工伤社会保障	1. 工伤社会保险制度 2. 工伤争议	1. 习近平总书记关于工伤保障的重要论述 2. 和谐劳动关系构建 3. 保障劳动权益 4. 公民自我责任意识	视频资源、案例教学
九、生育社会保障	1. 生育社会保障 2. 生育保险制度 3. 我国生育社会保障未来发展方向	1. 习近平总书记关于生育保障的重要论述 2. 人口老龄化 3. 公民自我责任意识	视频资源、案例教学、课堂讨论
十、军人社会保障	1. 军人社会保障的基本概述 2. 我国军人社会保障的发展	1. 习近平总书记关于军人保障的重要论述 2. 公平观	视频资源、案例教学、课堂讨论
十一、残疾人社会保障	1. 残疾人社会保障 2. 残疾人社会保障的组织建设	1. 习近平总书记关于残疾人保障的重要论述 2. 平等观	视频资源、案例教学、课堂讨论
十二、员工福利	1. 员工福利 2. 我国员工福利的发展与改革	1. 习近平总书记关于员工福利的重要论述 2. 和谐员工关系构建 3. 劳动权益保障	热点问题探讨：对人力资源社会保障部、最高人民法院联合发布的《劳动人事争议典型案例》的评价。 视频资源、案例教学
十三、住房社会保障	1. 住房社会保障概述 2. 住房社会保障体系	1. 习近平总书记关于住房保障的重要论述 2. 缩小贫富差差距，共同富裕	视频资源、案例教学、课堂讨论
十四、最低生活保障	1. 最低生活保障基本概述 2. 最低生活保障资金与制度运行	1. 习近平总书记关于最低生活保障的重要论述 2. 以人为本思想	视频资源、案例教学、课堂讨论
十五、农村扶贫开发	1. 农村扶贫开发战略 2. 农村扶贫开发的成就和未来发展	1. 习近平总书记关于农村扶贫开发的重要论述 2. 国家精准扶贫方略、生态保护战略和乡村振兴战略 3. 共同富裕	热点问题探讨：如何推进精准扶贫与乡村振兴的有效衔接？ 案例教学

（四）教学方法

1. 视频教学

在社会保障学课程思政教学背景下，课堂导入视频教学能够打破大学课程教育的时空限制，图文声像并茂，多角度调动学生的注意力和兴趣，使学生能够享受全球各顶尖高校优质的教育资源，有利于学生形成新的认知结构。将思政元素融入在线开放课程教学之中，借助时代发展的力量普及思政教育，实现"价值"与"知识"二者的有机结合，其效果是传统课程教学所不能比拟的。

2. 热点问题探讨

社会保障学自带思政特征，其涉及的中国特色社会主义理论、中国传统文化、社会主义核心价值观等是培养大学生立德树人的理论基础，选取代表性的社会保障学相关热点问题进行研讨，能够引发学生强烈的学习兴趣。学生在探讨并分析热点问题时，可以使学生学会学习并运用社会保障学理论知识分析并解决社会问题，锻炼并提升学生分析问题和解决问题的能力，同时，也能使学生认识到构建社会保障体系的必要性以及社会主义制度的优越性。

3. 案例教学

围绕教学目标，选取具有思政元素并具备重要专业知识点的典型案例，兼顾价值和知识两个维度开展案例教学。在案例教学过程中，注重提升学生用社会保障专业知识发现问题、分析问题和解决问题的能力。同时，引导学生透过案例学习习近平新时代中国特色社会主义思想的先进性，帮助学生思考解决中国发展问题的路径和方法。

三、社会保障学课程思政案例

（一）案例介绍

人口老龄化问题是 21 世纪将长期深刻影响中国社会发展的重大现实问题。根据第七次全国人口普查数据，我国 60 岁以上人口占总人口比例达 18.7%，进入国际通行标准定义的深度老龄化阶段。① 中国人口老龄化对中国社会、经济、

---

① 积极有效应对人口老龄化［N］．经济日报，2021-11-24（011）．

政治等方面的影响将是全方位的。中国人口老龄化带来最直接的影响就是"人口红利"的逐渐消失，国家适龄劳动人口规模缩小，而这又将直接影响国家的生产力和经济的发展，进而影响中国社会保障水平。此外，人口老龄化的加深也会增加老年人口的财政支出，如养老保险和医疗保险，挤占其他领域的社会资金，进而改变社会保障的支出结构，对整个国家和社会带来不可回避的系统性影响，加大了国家治理难度。

我国人口老龄化带来的各种老龄问题也是重大的民生问题之一，是涉及国家国计民生和国家长治久安的重大战略性社会问题。因此，如何在不影响经济平稳发展的前提下，解决人口老龄化带来的养老、医疗、就业、赡养等社会保障问题，是中国政府面临的迫切而重大的社会问题。

（二）案例教学设计

（1）教师引入人口老龄化案例并介绍人口老龄化与社会保障的关系。

（2）教师带领学生就案例展开讨论与分析。

（3）教师提出一系列问题，如人口老龄化给我国社会保障工作带来的冲击、人口老龄化对我国财政支出结构和规模的影响、发达国家应对人口老龄化的经验及对我国完善社会保障体系的启示，等等。

（4）教师带领学生学会应用社会保障理论知识对提出的问题进行分析，并尝试设计解决方案，思考理论转化为实践的可行性以及难点，等等。

（三）案例教学中融入的思政教育设计

1. 加深学生对社会保障事业的理解与认识

教师在提出案例前，结合社会保障基本概述的内容，提出人口老龄化这一社会现象，并通过相关数据直观表示我国人口老龄化程度以及带来的社会民生问题，进一步促进学生理解社会保障发展战略的重要意义。通过这一铺垫，教师自然而然地提出"人口老龄化带来社会保障问题"这一案例，从思想政治层面思考这一案例背后的思政元素，这也有助于培养学生的责任感与使命感，尝试探索缓解或解决人口老龄化带来的社会保障问题的路径。

2. 帮助学生树立正确的人生观和价值观

未来一段时间，我国人口老龄化将对我国经济、社会发展产生重要影响。在经济发展层面，人口老龄化导致人口结构发生变化，劳动力市场和产业结构也相应地发生变化，进而对储蓄、税收、财政支出结构、社会福利体系等产生影响。在社会层面，人口老龄化将对医疗、卫生、老年保障体系提出新的要求，家庭结构、生育、代际关系、住房等也相应受到不同程度的影响。在文化层面，人口老龄化将改变人们的生活方式和思想观念，而这也会影响群体之间的相处模式，进而影响一国的文化。在政治层面，人口老龄化对国家治理提出了新的挑战，而其对经济、社会、文化层面的影响也会改变政治力量格局。在案例探讨过程中，学生通过了解国家社会保障领域的国家战略、法律法规和相关政策，深刻体会中国共产党以人民为中心的执政理念以及中国特色社会主义核心价值观，在潜移默化中形成正确的人生观和价值观。

四、反思与展望

社会保障学课程采用视频资源、案例教学、课堂讨论等方法，寓思政"价值"于专业"知识"之中，激发学生了解并主动学习社会保障理论与政策的兴趣，通过社会热点问题的探讨和案例教学，强化学生对社会保障制度模式和实践的认识。在课程教学的过程中，教师通过分析知识点背后的相关思政元素，以潜移默化的方式影响学生的价值观和理论思维。

本课程注重专业教学和课程思政有机融合的问题。未来，教师将通过完善教学方式、科学设计课程思政体系和主要思政知识点，优化思政元素融入专业课程的路径，不断激发学生思考问题和解决问题的积极性和主动性。在价值引领层面，要在知识点讲授中有意识地开展科学的世界观、人生观、价值观的引导，特别是社会主义核心价值观的引导。在精神塑造层面，要注重在知识点讲授中有意识地进行中国精神、科学精神、创新精神和民族精神等精神的塑造。在情感激发层面，要在知识点讲授中有意识地激发学生的爱国主义情感、社会主义情感和集体主义情感等。

05. 党建引领下的老旧小区
改造与多元共治

——社区管理课程的多堂联动教学

耿 云　　姜 玲　　张 剑

社区管理课程具有天然的思政教育优势。社区是党和政府联系群众、服务群众的"神经末梢"，是国家社会治理的"重要基石"和"最后一公里"，能自然地将学生关注点导向基层、导向民生。课程以社区问题"小切口"培养学生"大格局"，发挥首都高校区位优势，立足首都社区治理实践，讲好基层治理的"中国故事"与"首都经验"，培养学生正确的价值观，掌握社区管理的基本原理、方法和工具，培养探究社区问题并付诸行动的实际能力。本专题是社区管理课程实践教学的组成部分之一。

一、社区管理课程实践教学学情与学生需求分析

（一）学情分析

社区管理课程的选课对象是公共管理学科大二年级的学生。在这一时期，学生进入专业学习的提升阶段。此时学生已经具备了城市管理（城市管理专业）、

作者简介：耿云，中央财经大学政府管理学院副教授。研究方向：社区治理、公益慈善。姜玲，中央财经大学政府管理学院教授，院长。研究方向：城市治理、城市规划、社区管理等。张剑，中央财经大学政府管理学院副教授，副院长。研究方向：公共政策、科技政策、可持续与转型创新政策等。

基层治理（行政管理专业）方面较为系统的基础知识，具有观察所在社区、校区管理的基本积累，可以依托大学生创新创业竞赛、社会实践等活动对社区环境、社区管理的问题进行总结和实践调研。因此，在这一阶段，老师需要帮助学生提升发现问题、科学凝练问题的能力，培养学生大胆假设、调研分析的科学研究能力，带领学生探索社区治理政策优化方向。这是专业知识学习提升的过程，也是让学生跳出具体案例领会国家治理、社会治理的战略意义和目标愿景的过程。在这个阶段，学生最能体会我国治理体系的现代化需要和制度优势，是融入思政教育实现价值引领的最好契机。

公共管理的人才培养要着力打破思政教育与专业教育之间的"孤岛效应"，跨越学科教育与实践情境之间的"天然鸿沟"，通过"价值引领—专业教育—实践教育"融合让学生全方位理解中国之治的成就与未来。当前，公共管理人才培养面临与实际公共问题距离较远、了解实践渠道较少、运用知识解决实际问题场景匮乏等难题，导致人才培养模式趋同、教学内容与社会发展需求脱节等问题。社区作为最基层单元，是一个国家和城市治理的缩影，体现了我国基层治理和城市治理的精细化、科学化水平，蕴含着天然的思政教育场景与元素。这就要求本课程不能以讲授为主，而是要通过教学课堂、实践课堂、竞赛课堂有机结合，让学生调研社区，让治理者讲述社区，将北京案例观察、中国经验总结、抽象概念提炼、治理理论应用贯穿其中，提升学生的案例分析能力、抽象思维能力、思辨应用能力，提升教学效果，真正践行为中国特色社会主义建设培养高素质公共管理人才的使命。

综上所述，本专题要引导学生考察社区、探究一般治理规律、思考地区差异，尝试为实现治理现代化进行思考。教师在授课中，既要立足社区，以小见大，通过讲"中国故事""首都案例"让学生体察区情、民情、国情；又要引导学生跳出社区，思考治理体制、治理政策与组织执行，对照治理理论，体会新时代基层社会治理的要求和中国制度优势。

（二）学生需求分析

按照价值塑造、知识传授、能力培养"三位一体"的要求，本专题开展了多年的探索。为了更好地了解不同时期大学生的需求，每学年教师都会通过课程调研和学生反馈等方法收集学生意见，并不断改进。调研发现，研究型大学的学生学习需求主要体现为：①了解实践、开拓视野；②总结规律、发现问题，凝练为公共管理的科学问题，进行论文写作或者课题研究；③激发兴趣、探索前沿，形成好的选题并参加大学生创新创业大赛或学科竞赛。

基于需求分析，本专题着力促进三堂联动，形成"教—学—赛—研"立体化教学方法体系，即第一课堂讲授教学、第二课堂实践教学、第三课堂竞赛教学，实现赛学融通。在每堂课中，做到分享经典阅读、开发案例、参与式教学、促进赛学转化。同时将考核体现在过程中，形成涵盖课上与课下、个人与集体、理论与实践相结合的综合考核方式。通过长期积累，本课程形成了丰富的课程资源，包括案例库、15个社区基地库以及各类比赛的选题库。

（三）专题内容与学生需求的耦合分析

党建引领下的老旧小区改造与多元共治这一专题的对象是老旧小区改造，主题是"党建引领下的老旧小区改造与多元共治"，属于现场专题实践教学。

该专题源于我们发现的一个现象，即学生非常关注城市"安居""宜居"问题。随着国家"棚户区改造""老旧小区改造"等系列安居工程的实施，学生从新闻媒体上看到很多报道和热议，发现很多值得研究的问题，主动开展了案例研究，并参加各类学科比赛。但是学生受资源所限缺乏系统的调查研究，成果深度有限。

因此，本专题团队自2018年起开始关注这个主题，并将其纳入课程内容。我们组织学生到劲松社区等单位开展跟踪调研，邀请街道和社区等相关人士进课堂讲解老旧小区改造的进展和问题。随着"劲松模式"被写入北京市"十四五"规划，相关素材更加丰富，我们又带领学生深挖改造"党建引领、五联共治"的经验，分析治理模式降低社会资本参与改造的交易成本路径与机制，并尝试提出未来可持续治理的建议。

为提升课程思政的效果，教师坚持以学生为中心设计教学系列活动，将学生学习活动"链条化"，将其过去的"碎片化"活动整合起来，不断强化学习和训练，发挥人才培养的整体性效果。

（四）老旧小区改造与多元共治融入思政元素

本专题从以人民为中心、公共价值最大化、多元共治、党建引领等方面出发构建课程体系，教师旨在给学生讲好一个"老旧小区改造"场景下社区治理的中国故事，带领学生聚焦当下亟须解决的问题，并开展创新性探索。

一是从"人民城市"理念演变出发，让学生理解我国城市"安居工程"与老旧小区改造的重要民生意义。通过辨析其与国外 20 世纪六七十年代开始的"城市更新""社区更新"的联系与区别，给学生讲清楚国内外城市更新的出发点、动力机制、治理主体的作用机制等。我国的城镇老旧小区改造是一项重大的民生工程、发展工程、城市社会治理现代化工程，与市场化导向的城市更新不同，该工程首先考虑的是如何保障居民的基本权益，实现宜居，真正体现以人民为中心的城市发展理念，而且这对国家来说工作体量巨大。

二是从政策系统分析出发，让学生了解我国的"政策试验、先行先试""因地制宜、精准施策""规范制度、示范推广"的审慎政策过程，深刻理解我国的政策制定和执行逻辑，体会我国的制度优势。我国老旧小区改造起步于 1997 年的上海，经过多年探索、试点与推进，已经形成了一批城镇老旧小区改造的典型模式，积累了丰富的经验。各地"因地制宜、精准施策"，形成了典型模式并积累了经验，如北京的"劲松模式"，通过党建引领，强有力的街道、社区动员支持，社会资本的进入和参与，实现"五联共治"，并逐步推广示范。

三是通过"劲松模式"讲清楚党建引领、多元共治在社区治理中发挥的作用。党建引领、多元共治是众多治理领域、很多案例中都会提到的经验，但是如果不把党建如何逐步嵌入、党建如何发挥降低社会参与和社会资本交易成本的重要作用机理说清楚，学生就无法真正理解党建引领发挥的作用。同时，教师要给学生讲清楚社会资本及居民主体的适度、合理参与等重点内容，引导学生去学习国际案例中的有用政策，思考其如何与中国实际相结合，进一步做好中国方案的系统设计。

二、基本教学信息

(一) 教学目标

在社区管理课程的学习中,"党建引领下的老旧小区改造与多元共治"是课程的第十五讲。老旧小区改造是我国近年来城市领域最重要的安居工程,也是关乎民生、发展和社会治理现代化的重要工程。根据《国务院办公厅关于全面推进城镇老旧小区改造工作的指导意见》(国办发〔2020〕23 号)的要求,全国将有22 万个老旧小区纳入本轮改造。北京市朝阳区的劲松北社区,在市政府和区政府的支持下,率先引入了社会资本参与改造,从 2018 年 7 月开始试点,取得了阶段性成果,"劲松模式"也被写入北京市"十四五"规划和 2035 年远景目标建议中,适合作为现场实践教学的主题。

本专题采用课程—思政—实践相结合的方式,多堂联动的教学方法,从社区更新入手,通过对"劲松模式"的专家讲解、现场调研,使学生在掌握相关知识的基础上,进一步认识我国基层治理和人民城市的整体逻辑和成就,激发学生深入基层的意愿,引导学生树立创新精神和公共精神。本专题具体的教学目标和思政教育目标包括:

一是在专业知识方面,通过讲授存量城市化时代老旧小区改造的需要和意义,介绍国际经验,重点引导学生讨论社区更新与我国老旧小区改造的异同、面临的共性难题等。"成本合理共担"、"共建共享共治"、对城市土地公共价值的"归公""再配置"这些是影响社区更新的基本因素和内在逻辑,也是本专题的核心知识点。

二是在思政教育方面,本专题思政教学的目标是通过课堂讲授将新时代新要求讲透、讲深,将理论与实践的联系讲清楚,让学生带着政治意识和政策精神,结合所学社区治理的相关理论知识,走入社区实践深入探索,然后又回归课堂讨论分析中国特色的老旧小区改造之路,认识党建引领在治理结构中的重要作用及其与价值引领、政策精神、理论思考和实践认识的深度融合。引导学生讲好基层治理的"中国故事""首都经验",坚定"四个自信"。

三是在实践能力方面，发挥课程思政多堂联动的协同效应，鼓励学生将课堂思考转化为案例大赛的参赛题目。为了加深学生的了解，本专题还邀请了劲松街道的主任、愿景集团的总裁走进讲堂，与教师共同讲授。

（二）教学内容

本专题内容主要是讲清楚我国的模式、特征、优势，以及未来面临的挑战，引导学生探索解决的方案，包括：①了解中国老旧小区改造的进程与进展；②掌握老旧小区改造与社区更新的关系；③掌握党建引领的多元治理模式如何降低交易成本、实现多方共担的逻辑；④掌握老旧小区改造的共性难题；⑤思考存量土地开发与财税政策支撑的未来方向。

（三）教学重点

本专题的教学重点包括：①老旧小区改造与社区更新的异同；②治理视角下老旧小区改造的人、地、财要素整合；③交易成本降低视角下的治理模式及效果；④合作生产视角下的党建引领与行政参与的重要性；等等。

（四）教学难点

本专题的教学难点在于：①如何促进流动人口参与多元治理；②如何理顺实现存量用地开发利用；③如何建立政府与居民、社会力量合理共担改造资金的机制，尤其是吸引社会资本的参与；④如何处理好"政府—社区""企业—社区"两对关系，加快完善制度和政策，降低社会资本参与的交易成本，提升各方参与的积极性。

三、教学过程详解

本专题的教学总体设计分为五步：①教师课堂讲授 45 分钟；②邀请街道书记、主任或业界专家讲授 45 分钟；③到实践基地现场实践考察 60 分钟（由社区工作人员讲解）；④在社区现场座谈讨论 45 分钟；⑤利用课余时间，教师指导学生完成作业、论文，参加各类竞赛（见图 1）。

（一）教师课堂讲授：坚持价值引领，将思政元素融入教学内容

教师在课堂介绍老旧小区改造的背景，提出需要重点关注的问题。从思政经

典文献阅读切入，介绍习近平总书记关于基层社会治理的重要论述，解读相关最新政策要求。讲解重点包括存量城市化时代民众的利益和需求导向，政府治理的有效作用，多元主体协同共治，多区域、多议题的协调，基层社会自治等方面，从上述五方面凝练课程思政精神，让学生在学习理论知识的过程中自然融入思政内容。

```
                    ┌─────────────────────┐
                    │ 第一步：教师课堂讲授  │
                    │   （45分钟）         │
                    └─────────────────────┘
           ┌──────────────────┐      ┌──────────────────┐
           │第五步：促进教学成果转化│      │第二步：专家课堂讲授│
           │   （课余时间）     │      │   （45分钟）     │
           └──────────────────┘      └──────────────────┘
           ┌──────────────────┐      ┌──────────────────┐
           │第四步：回归课堂讨论│ ←→  │第三步：现场实践教学│
           │   （45分钟）     │      │   （60分钟）     │
           └──────────────────┘      └──────────────────┘
```

图 1　本专题的教学总体设计

具体的教学内容示例如下：

第一步：背景介绍。

第二步：比较全国老旧小区改造的推进情况。

第三步：进行老旧小区改造的困境与理论讲解，分析党建引领的治理体系对合作生产的作用机制，及其降低社会资本进入改造交易成本的路径（见图2）。

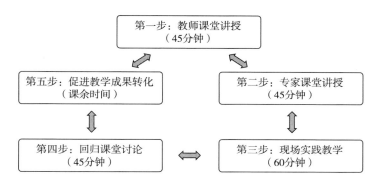

治理模式	治理策略		降成本主要类型	
五联共治	合作互信协商 社区共同体建设	需求靶向调研	交易 不确定性	信任成本 协商成本
党建引领	服务下沉一线 治理规则延续	提升公共服务功能	交易 不确定性	信任成本 协商成本
关系治理	社会资本积累 社会共识支持	社区居民领头羊引领	交易 不确定性	协商成本 信任成本

图 2　课堂教学示例

第四步：讲好北京模式的故事，启发学生对政策改进的思考。

（二）专家课堂讲授：街道主任和愿景集团总裁进课堂

我们邀请劲松街道办事处相关负责人走进课堂，讲授"老旧小区改造之劲松模式"，从政策解读、项目背景、实践探索和借鉴意义四个方面介绍老旧小区改造的劲松模式。具体包括：①劲松街道如何坚持"共建—共享—共治"的改造理念，让居民成为社区规划师与建设者，共享社区建设成果，打造"荣耀—活力—宜居"的特色美好社区，提升居民生活质量。②劲松模式的推进机制，即如何实现党建引领，"五方联动"；如何坚持参与式治理，使居民成为改造的最大受益者；如何创新社会资本参与，实现微利可持续发展；如何引入物业服务，为改造成果提供有力保障；如何突出硬件、软件一体化推进，持续深度运营社区等。

我们邀请愿景集团总裁走进课堂，讲授"城市更新中的社会力量——劲松模式中的经验与启示"，主要介绍社会资本参与"劲松模式"的政策背景、发展概况及改造过程。具体包括：①"劲松模式"如何使社会资本在老旧小区改造项目中实现良性循环，并形成可复制的模式。在这一过程中，政府居民和社会力量如何共同发力实现多方共赢的结果。②老旧小区改造的长效机制的关键是什么，如何满足居民的需求？③"劲松模式"在老旧小区改造工程中的突破方向是什么？如何进行制度创新？以往由于产权限制，市政配套设施建设转为商业运营的合法性难以实现，产权制度的限制成为社会力量参与城市更新的关键阻碍，因此有必要探讨如何实现资源的调配和利用，以及如何推动产权制度的完善。

（三）现场实践教学：带领学生深入基层社区

实践教学的目的是让学生在实践教学过程中体悟和感受社区管理体制、社区自治与社区营造、社区社会组织、社区规划与实施、大数据与社区治理、社区网格化管理、社区参与式方法等，并结合新时代背景下的社区居民需求，深入思考和讨论老旧小区治理的打开方式。实践教学具体流程如下：

1. 实践教学准备

我们精心选择北京市朝阳区劲松街道的两个实践教学点：①劲松北社区。该社区因引入社会资本进行老旧小区改造而备受关注，并被《新闻联播》报道，堪称北京老旧小区治理的实践前沿。②劲松街道新时代文明实践所。带领学生考察新时代背景下劲松街道的党建协同和社会组织培育工作。

我们还提前与劲松街道办事处联系及前往踩点，获得了街道办事处、劲松北社区居委会、参与劲松老旧小区改造的愿景集团、新时代文明实践所工作站等的支持，并沟通好了教学实施流程。

2. 实践教学实施

第一站是劲松北社区。实践教学过程由劲松街道社区科和文塔科长全程陪同。在师生到达后，由和科长给学生介绍劲松街道的基本情况与老旧小区的改造背景及做法。随后，师生在劲松北社区居委会、愿景集团领导的带领和介绍下，详细考察了劲松北社区道路整治、裸露线路入地、人脸识别系统、美好喵屋、艺术墙、路边街景、多功能中心、垃圾分类站"绿馨小屋"、晾衣架、自助面条机、匠心工坊、商业网点、定期放映电影的"美好会客厅"、社区广场等改造项目，深入了解了劲松北社区的改造过程及成果。

第二站是劲松街道新时代文明实践所。劲松街道新时代文明实践所又称劲松"双中心"，即"共产党员+"促进中心和社会工作服务促进中心。实践教学过程主要在和文塔科长的陪同下，具体由工作站站长王菁菁向师生介绍双中心的布局及与之相关的社区特色工作。"共产党员+"促进中心重点向师生展示了思想、组织、服务、保障四个关键领域的突出成果及其在社区治理中发挥的党建协同作用；社会工作服务促进中心重点向师生展示了劲松街道社会组织的发展情况及其在社区治理中的作用。

（四）回归课堂讨论：对比研讨实践教学案例

1. 讨论准备

现场实践教学结束后，教师给学生布置两项任务：一是每位学生必须提交一篇不少于1000字的实践心得；二是教师提供给学生另外一个老旧小区的改造案例"北京市潘家园松榆西里社区东院小区的'准物业自治管理'"，要求学生将其与劲松北社区引入社会资本进行老旧小区改造的模式进行对比及思考。

2. 讨论实施

讨论课上，教师将以"老旧小区治理的打开方式"为主题开展实践案例讨论，将现场实践教学的内容深化。教师将学生分为4组，每组5~8人。其中，安排2组重点讨论与展示潘家园松榆西里社区东院小区的"准物业自治管理"模式是如何运作的，这种模式主要有哪些特点，存在哪些问题，如何应对问题及改进。另外2组重点讨论与展示劲松北社区引入社会资本参与老旧小区改造是如何运作的，这种改造模式有哪些特点，如何防范风险及改进。

学生分组讨论的方法采用焦点问题研讨法：小组学生围绕焦点问题，从目标、利益相关者、参与者、运行机制、风险及问题、发展方向六个方面进行讨论，形成共识。学生分组讨论完成后，将讨论结果写到白纸上并在讲台上展示。讨论展示过后，教师向学生提问：你所在的小组能从对方的模式中获得哪些借鉴？能给对方什么建议？

3. 讨论总结

讨论结束后由老师对两种治理模式进行总结，并结合北京市出台实施的《北京市街道办事处条例》进行政策展望。

（五）促进多堂联动：多元转化课程思政教学成果

经过上述几个环节之后，学生对老旧小区治理的制度设计、相关政策、历史脉络、理论之争、现实问题、未来方向等都有了较为深入的看法，形成了不同的关注视角和研究团队。课程团队教师后续继续跟踪指导，引导学生完成论文、参加案例分析大赛、"挑战杯"学术论文大赛、"模拟市长"大赛、参加学术会议等，以实现成果产出和转化，打造"多堂联动"教育体系，真正实现立德树人，培养具有强烈社会责任感的高层次、复合型专业人才。

参考文献

［1］国务院办公厅关于全面推进城镇老旧小区改造工作的指导意见［EB/OL］．（2020－07－10）．http：//www.gov.cn/zhengce/content/2020－07/20/content_5528320.htm？fromapp108sq＝subject_8992.

［2］仇保兴．城市老旧小区绿色化改造——增加我国有效投资的新途径［J］．城市发展研究，2016，23（6）：1-6+150-152.

［3］朱喜群．社区冲突视阈下城市社区多元治理中的权力博弈——以苏州市D社区更换物业公司为考察个案［J］．公共管理学报，2016，13（3）：49-60+155.

［4］刘波，方奕华，彭瑾．"多元共治"社区治理中的网络结构、关系质量与治理效果——以深圳市龙岗区为例［J］．管理评论，2019，31（9）：278-290.

［5］杨中旭．专访仇保兴：老旧小区改造既可对冲投资下滑，又可改变城市肌理［EB/OL］．（2020-04-16）．https：//mp.weixin.qq.com/s/kWzzyMPHOk8xUh4L5VcCX.

［6］李兰冰，高雪莲，黄玖立．"十四五"时期中国新型城镇化发展重大问题展望［J］．管理世界，2020，36（11）：7-22.

［7］田莉，陶然，梁印龙．城市更新困局下的实施模式转型：基于空间治理的视角［J］．城市规划学刊，2020（3）：41-47.

［8］Tong De，Yaying Wu，Ian MacLachlan，Jieming Zhu. The Role of Social Capital in the Collective-Led Development of Urbanising Villages in China：The Case of Shenzhen［J］．Urban Studies，2021，58（16）：3335-3353.

［9］姜玲，王雨琪，戴晓冕．交易成本视角下推动社会资本参与老旧小区改造的模式与经验［J］．城市发展研究，2021，28（10）：111-118.

［10］中国青年报．社会资本进场，老旧小区改造的北京劲松样本［N/OL］．中国青年报（2020-12-13）．https：//baijiahao.baidu.com/s?id=1685951288144320419&wfr=spider&for=pc.

［11］老旧小区改造 劲松这样做［EB/OL］．（2021-01-07）．https：//baijiahao.baidu.com/s?id=1688202850782075604&wfr=spider&for=pc.

06. 新时代基层党建引领传统农村社区治理创新

——社区管理课程思政教学案例

刘庆乐

一、课程概况

（一）课程简介

新时代基层党建引领传统农村社区治理创新是社区管理课程的一个章节。社区管理是一门以社区管理活动的内在规律和行为规范为研究对象的新兴综合学科，其中农村社区是现代社区的原生形态，传统农村社区治理创新是现代社区治理的历史逻辑起点和重要抓手。传统农村社区治理创新关键在党的领导和党的建设。北京是一个在农业文明背景下孕育发展起来的文化古都，其传统农村社区的现代遗存、治理创新对一般传统农村社区治理创新而言具有标本意义，正在中国特色社会主义新时代经历着一场史无前例的现代嬗变。本教学案例侧重从北京精神出发，探索思政元素与传统农村社区管理知识的有机结合。

（二）教学目标

通过对本课程的讲解，让学生在知识层面了解中国传统农村社区治理的基本

作者简介：刘庆乐，中央财经大学政府管理学院副教授。研究方向："三农"问题、公共政策。

历史脉络，新时代传统农村社区治理的历史定位、治理的问题及基本方略。在价值层面认同社会主义制度的建立对于传统农村社区治理的根本改变和制度优势，认同新时代农村社区治理创新、乡村振兴，关键在党的领导、党的建设。在能力层面使学生了解农村社区共产党员支部委员会和村（居）民自治委员会（"两委"）的基本运作，丰富乡村治理体系建设。

（三）教学重点、难点

教学重点：传统农村社区"两委"的结构，党建嵌入乡村治理的原因、体制、机制及策略。

教学难点：基层党建虚化、农村社区治理弱化。

（四）教学目的

（1）理论层面。以习近平总书记关于"三农"工作重要论述为指导，在了解中国传统农村社区治理的基本历史脉络的基础上，理解新时代传统农村社区治理的痛点、难点及其应对策略。

（2）实践层面。"郡县治，天下安"，让当代大学生初步认识农村社区，通过了解基层、认识基层，为将来服务基层做准备。

（3）价值层面。通过掌握新时代基层党建引领传统农村社区治理创新，更深入理解中国特色社会主义最本质的特征是中国共产党的领导。

（五）教学内容

第一部分：传统农村社区治理的历史背景、当下成就与现实问题。

（1）历史背景：中国传统农村社区治理的历史与现实（古代、近代、当代、新时代）。

（2）传统农村社区治理的当下成就。

（3）传统农村社区治理的现实问题及表现。

第二部分：新时代基层党建嵌入传统农村社区治理的路径。

（1）完善党领导下的农村社区治理机制。

（2）建立高素质农村基层干部队伍。

（3）发挥党员在乡村治理中的先锋模范作用。

第三部分：新时代基层党建引领传统农村社区治理的机制与策略。

（1）机制。

（2）策略。

（六）思政元素融入设计

1. 专业课与思政课的高度融合

本课程涉及思政元素的融入问题，既是一堂专业课，也是一次思政教育。实现乡村治理体系和治理能力现代化，是国家治理体系和治理能力现代化的基础及重要组成部分，而实施乡村振兴战略、实现乡村治理创新，关键在党的领导、党的建设，以基层党建引领乡村治理创新是实施乡村振兴战略的必由之路。通过本课程的学习，能够使学生切身体会到，中国特色社会主义最本质的特征是中国共产党的领导。

2. 凸显思政内容的首都特色

作为一个具有深厚农业文明历史的千年古都，北京市目前尚有近 4000 个行政村，其中不少是具有历史悠久、特色鲜明的历史村落，如何让传统农村社区的历史文脉与现代文明交相辉映、和谐共生，是世界一流首善之区美丽乡村建设的重要课题，是乡村治理体系和治理能力现代化的重要体现。自 2019 年起，中央农村工作领导小组办公室和农业农村部连续 3 年发布全国乡村治理典型案例，北京市连续 3 年分别由顺义、平谷、怀柔三个区，以"'村规民约'推进协同治理""一声哨响，吹出乡村治理良方""保障民生服务，提升治理能力"的典型案例入库。本课程所用案例均来自这三个案例或延伸材料，突出"首善之区"利用传统乡规民约的形式，赋予其时代内容在乡村治理创新方面的经验和成就，凸显首都深厚的文化底蕴及"爱国、创新、包容、厚德"的"北京精神"。

二、教学方法与流程

（一）授课方法和教学手段

本课程内容结合多媒体课件进行讲述，以案例教学为基本手段，教学与研讨相结合，寓思政于专业课之中。

（二）教学结构框架

教学结构框架如图 1 所示。

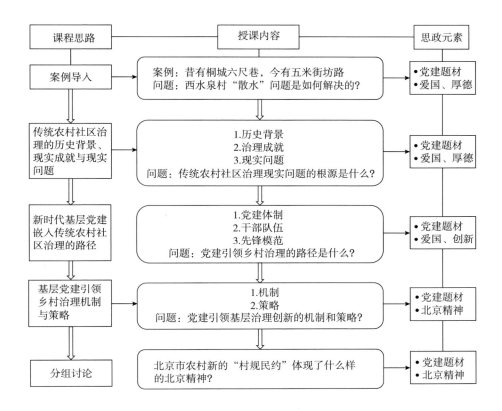

图 1　本课程的教学框架

三、教学内容与方法设计

（一）基于顺义区西水泉村治理村民乱建问题，引入党建的重要性

设计思路：以古今对比的案例，让学生感受爱国、厚德的北京精神

案例 1：昔有桐城六尺巷，今有五米街坊路（案例内容略）

思考：西水泉村"散水"问题是如何解决的？

（二）传统农村社区治理的历史背景与现实问题

设计思路：通过问题讲解，证明乡村治理困境根源在于党建虚化与乡村治理弱化；通过介绍北京传统村落，强化学生对北京传统农村社区文化的认知，增强他们对"北京精神"中"爱国、厚德"的体验。

1. 历史背景

社区（community）英文意为共同体，是聚居在一定地域范围内的人们所组成的社会生活共同体。滕尼斯在《共同体与社会》中说，共同体是古老的，社会是现代的。从起源上说，社区最古老的形态是以村庄为中心的农村社区，然后才产生城镇社区。中国古代的村落家族，具有农村社区的典型特征。

（1）古代：皇权不下县，村落家族文化，宗法社会，士绅文化，村规民约。

（2）近代：国家权力的下沉。

（3）当代：支部建在村上。

2. 传统农村社区治理的当下成就

（1）村民自治纳入法治化轨道。1980年2月，广西壮族自治区宜山县（1993年易名为宜州市）屏南乡果作自然村建立了第一个村民委员会。1982年12月，第五届全国人大常委会通过了中华人民共和国史上的第四部宪法，规定"城市和农村按居民居住地区设立的居民委员会或者村民委员会是基层群众性自治组织"，使村民委员会获得了合法身份。1987年11月，第六届全国人大常委会通过了《中华人民共和国村民委员会组织法（试行）》，后于1998年、2010年、2018年修正，最新修订的组织法强调党的基层组织对村民委员会行使职权的领导和支持。

（2）形成了党领导下多元主体共治的农村社区治理格局。农村社区治理主体包括：①乡镇政府：在宏观层面对村"两委"给予引导和帮助。②"两委"：村党支部是社区治理的核心，对社区各项事务起领导作用；村委会是村民进行自我管理、自我服务、自我教育的自治组织，是村民参与农村社区治理的核心平台。③农村社区中各种社会组织，如各种农村经济合作组织、农村民办非企业单位、公益组织、自发组织等。④广大村民。

（3）在乡村振兴战略共识下致力于构建"三治合一"的乡村治理体系。

乡村振兴的主要内容：产业兴旺、生态宜居、乡风文明、治理有效、生活富裕。

乡村治理体系中自治、法治、德治相结合，包容传统与现代，有助于实现经济发展与生态文明的"双赢"。

北京市目前尚有近4000个行政村，其中不少是具有历史悠久、特色鲜明的历史村落。2018年，北京市公布了第一批44个传统村落名单（见表1）。

表1　北京市2018年第一批传统村落名单

区域	传统村落名单
海淀（1个）	苏家坨镇车耳营村
门头沟（14个）	斋堂镇爨底下村、黄岭西村、沿河城村、灵水村、马栏村、西胡林村；龙泉镇三家店村、琉璃渠村；雁翅镇苇子水村、碣石村；王平镇东石古岩村，大台办事处千军台村，清水镇张家庄村、燕家台村
房山（6个）	史家营乡柳林水村；大石窝镇石窝村；南窖乡水峪村、南窖村；佛子庄乡黑龙关村；蒲洼乡宝水村
密云（9个）	古北口镇古北村、河西村、潮关村；新城子镇吉家营村、小口村、遥桥峪村；石城镇黄峪口村；冯家峪镇白马关村；太师屯镇令公村
通州（1个）	漷县镇张庄村
顺义（1个）	龙湾屯镇焦庄户村
昌平（5个）	流村镇长峪城村，十三陵镇万娘坟村、德陵村、康陵村、茂陵村
平谷（1个）	大华山镇西牛峪村
怀柔（1个）	琉璃庙镇杨树底下村
延庆（5个）	珍珠泉乡南天门村；张山营镇东门营村、柳沟村；八达岭镇岔道村；康庄镇榆林堡村

资料来源：《北京市人民政府办公厅关于加强传统村落保护发展的指导意见》（京政办发〔2018〕7号）。

3. 传统农村社区治理现实问题及表现

问题：

（1）基层党建虚化：基层党组织往往疲于应对来自上级的各种检查，陷入整理党建材料及会议资料的繁杂事务之中，形成"以文件贯彻文件、以会议贯彻会议"的文牍主义、形式主义，无暇顾及乡村群众亟待解决的现实问题，这种自上而下的党建最终陷入基层党组织的内部循环，导致基层党建的虚化。

（2）农村社区治理弱化。由于农村社区干部素质不高，运动式治理方式等影响着乡村人民的利益表达和偏好显示，基层自治组织保护农民利益的责任心不强，加上乡村社会中私人化的关系主导着资源和利益的分配，在诸多因素共同作用下，基层组织的悬浮、空转与自利性，导致农村社区治理弱化。

表现：

（1）在乡村纵向治理结构中，县乡村在根本利益一致的基础上存在层级性差异，并非高度一致的共同体，"县政""乡政"与"村治"目标难以统合，行动难以一致，往往导致党和国家政策在农村社区难以有效执行，或者只是形式上的贯彻执行，其深层原因则是纵向治理结构的断裂。

（2）在村一级横向治理结构中，村民参与治理的主体或不够广泛，或代表性不足，或自主性难以发挥，村民自治往往异化为村官自治。

（3）部分农村地区或宗族势力强大，或被黑恶势力的操控，导致乡风民俗正气不足，道德体系受到冲击，由诸多问题产生的叠加效应、破窗效应在一些农村地区有放大趋势。

综上所述，由此引发的思考：传统农村社区治理现实问题的根源是什么？

（三）新时代基层党建嵌入传统农村社区治理的路径

设计思路：通过北京市强化乡村基层党建，说明村"两委"的组织架构及强化基层党建的基本路径；通过北京市乡村治理体制变革，增强学生对创新、包容北京精神的体认。

基层党建关键在"建"。"打铁还需自身硬"，党建只有超越党建本身，向农村社区治理开放，并嵌入乡村治理的政治过程，以解决现实问题的实际成效来回应群众关切，使党建本身具有温度感而不再空洞，这样党建才能有的放矢，落到实处。基层党建以乡村治理内容为载体，将党员联系群众和解决群众切身的现实问题纳入党建工作的考核内容，从而释放出组织和动员群众的党建动力。

1. 完善党领导下的农村社区治理体制

大部分农村地区，为解决"两委"之间的扯皮、推诿，推行村党组织书记通过法定程序担任村委会主任，推行村"两委"班子交叉任职；推行村党组织纪律检查委员兼任村务监督委员会主任。

2019年4月中旬，北京市密云区十里堡镇完成12个行政村的换届选举工作，100%实现村书记、主任"一肩挑"，"两委"交叉任职达到69.05%。①

2. 建立高素质农村基层干部队伍

《北京市"十四五"时期乡村振兴战略实施纲要》要求，选优配强村"两委"班子，实现年龄、学历"一降一升"；实施"头雁工程"，加强村党组织带头人队伍建设。2022年"头雁"项目正式启动，计划连续实施5年，首批计划培育100名左右"领头雁"，以中国农业大学和北京农学院作为培训机构，着力培养一批具有都市型现代农业发展新理念、掌握团队管理新方法、熟悉农业产业化经营新模式、与现代乡村产业需求相适应、与乡村建设发展相协调的乡村产业振兴"领头雁"。首批学员中，40岁以下的占76%，具有大专以上学历的占89%。②

3. 发挥党员在乡村治理中的先锋模范作用

案例2：北京市乡村治理打造坚强的战斗堡垒（案例内容略）

思考：北京市党建引领乡村治理的路径是什么？

（四）新时代基层党建引领传统农村社区治理的机制与策略

设计思路：通过对基层党建引领乡村治理的机制、策略的讲解，强化学生对于北京精神的完整理解。

1. 机制：纵向到底、横向到边，纵横交错

（1）纵向到底。在实施精准扶贫战略中，政府不仅安排财力、物力下乡，

① 精心组织 众志成诚——十里堡镇圆满完成村（居）民委员会换届选举工作［EB/OL］.（2019-04-22）. http://www.bjmy.gov.cn/art/2019/4/22/art_181_160866.html.

② 北京乡村产业振兴"头雁"项目正式启动［EB/OL］.（2022-08-05）. http://nyncj.beijing.gov.cn/nyj/snxx/gzdt/325891499/index.html.

人力也跟着下乡，一大批挂职扶贫干部和农村社区广大党员干部群众一起，并肩战斗。在第一书记制度的基础上，实现"社区吹哨，党员报到"。

（2）横向到边。"干部包片、党员、代表包户"，通过就亲、就近、就便的原则，实现网格化党建，不留死角、不留空隙。冬季防火、防煤气中毒；夏季防汛、防地质灾害；从环境卫生整治，到解决邻里之间的矛盾纠纷，从贫困户帮扶，到美丽乡村建设；等等。

（3）纵横交错。将支部建立在网格上，建立网格中的党员干部包户、包干制度，形成基层党建与乡村治理构成联动互嵌结构，建立党组织覆盖与服务覆盖相结合的联结机制。

2. 策略

（1）以党建重建乡贤文化。传统士绅文化或乡贤文化重德治轻法治；重差序轻平等；重身份轻契约；重血缘轻地缘。以党建引领、整合、重塑民风民俗，实现乡村道德体系的重建，发现、塑造、发挥"新乡贤""道德楷模""英雄人物"的正向功能。在乡村基层党组引领下，重建自治、德治、法治相结合的乡村治理体系。

（2）以党务带动村务，以党务服务村务，实现村庄公共事务与乡村党务的有机结合，以党务提升政务，以政务充实党务，保证基层党建带动作用的充分发挥。

（3）创新话语体系，宣讲国家大政方针和政策。基层党建要将党和国家的政策意图转化为老百姓可以听得懂的声音，做到讲通讲透；通过形式多样、生动活泼的方式，宣传、指导、贯彻党和国家的方针政策，做到贴近于民、贴近于心。

案例3：弘扬传统，顺义区以"村规民约"推进协同治理（案例内容略）

思考：顺义区党建引领基层治理创新的机制和策略是什么？

（五）分组讨论与总结

设计思路：通过深度讨论本案例，加深学生对党建引领是创新乡村治理、实现乡村振兴战略的必由之路的认识，并强化学生对北京精神的完整理解。

（1）北京市农村社区党建如何实现对传统"村规民约"的现代改造？

（2）北京市农村社区新的"村规民约"体现了什么样的北京精神？

（3）为什么说党建引领是创新农村社区实力、实现乡村振兴战略的必由之路？

四、教学附件

（一）板书内容设计

新时代基层党建引领传统农村社区治理创新。

（1）传统农村社区治理的历史背景、当下成就与现实问题。

（2）新时代基层党建嵌入传统农村社区治理的路径。

（3）机制与策略。

（二）讨论、思考题和作业

（1）西水泉村"散水"问题是如何解决的？

（2）传统农村社区治理现实问题的根源是什么？

（3）党建嵌入传统农村社区治理的路径是什么？

（4）党建引领乡村治理机制与策略是什么？

（5）为什么党建引领是创新农村社区治理、实现乡村振兴的必由之路？

五、教学效果

在理论层面，学生能够深刻理解习近平"三农"思想，深入领会传统农村社区是承载农民乡愁的精神家园，其中包括有助于实现乡风文明、有效治理的思想和制度资源。而要实现传统资源的现代性转化，达到古文今用的目的，必须坚持党建引领。

在技术层面，学生能够了解传统农村社区治理创新中的组织变革及实际运作。传统农村社区治理创新是一个历史过程，有过去时、现在时和将来时，新时代农村组织结构已不同于以往，以问题为导向的农村社区组织变革也孕育着新的形式。

在价值层面，教师在引导学生学习新时代党建引领传统农村社区治理创新课程中，能够将德育与智育融为一体。新时代大学生对党、对社会主义、对中华民族的热爱，在爱国、创新、包容、厚德的北京精神中找到了例证，形成了支撑，落到了实处，避免了空洞的理论说教。

参考文献

［1］中共中央党史和文献研究院．习近平关于"三农"工作论述摘编［M］．北京：中央文献出版社，2019．

［2］徐勇．国家化、农民性与乡村整合［M］．南京：江苏人民出版社，2019．

［3］吴毅．小镇喧嚣：一个乡镇政治运作的演绎与阐释［M］．湖州：三联书店，2018．

［4］贺雪峰．新乡土中国：修订版［M］．北京：北京大学出版社，2013．

［5］毛丹．村庄大转型：浙江乡村社会的发育［M］．杭州：浙江大学出版社，2008．

［6］邓大才．小农政治：社会化小农与乡村治理［M］．北京：中国社会科学出版社，2013．

［7］董江爱．中国农村基层民主与治理研究［M］．北京：中国社会科学出版社，2012．

［8］赵秀玲．乡村民主治理：理念与路径［M］．北京：中国社会科学出版社，2019．

［9］周庆智．乡村治理：制度建设与乡村变迁——基于西部 H 市的实证研究［M］．北京：中国社会科学出版社，2019．

［10］董磊明，郭俊霞．乡土社会中的面子观与乡村治理［J］．中国社会科学，2017（8）：147−160．

［11］芦晓春，张萌．乡村熟人社会的"善治之道"——北京市顺义区以村规民约推进乡村治理调查［EB/OL］．（2019 − 07 − 25）．https：//szb. farmer.

com. cn/2019/20190725/20190725_005/20190725_005_1. htm.

［12］刘伟. 难以产出的村落政治：对村民群体性活动的中观透视［M］. 北京：中国社会科学出版社，2010.

［13］章荣君. 从精英主政到协商治理：村民自治转型的路径选择［J］. 中国行政管理，2015（5）：74-77.

［14］王海珍. 北京顺义　村规民约，"约"出乡村文化［J］. 中华儿女，2019（14）：64-66.

［15］Unger J. *The Transformation of Rural China*［M］. Armonk：East Gate Book，2002.

［16］Kevin J O'Brean，Lianjiang Li. *Rightful Resistance in Rural China*［M］. Cambridge：Cambridge University Press，2006.

［17］Lily L Tsai. *Accountability without Democracy：Solidary Groups and Public Goods Provision in Rural China*［M］. Cambridge：Cambridge University Press，2007.

07. 社区主体权责关系与协同管理

——社区管理课程思政教学案例

罗海元

一、课程概况

（一）课程简介

社区主体权责关系与协同管理是社区管理思政示范课的组成部分之一，共2个课时。本课程立足北京实践和首都特色，将社区党组织领导核心地位、主渠道作用、堡垒阵地意识、人民中心理念、社会主义核心价值观和北京精神等思政元素融入教学设计，系统讲授社区主体构成、权责关系、协同机制等内容，旨在帮助学生了解新时代中国城乡基层社会治理面貌和社区管理格局，掌握社区多元主体共同参与社区综合治理的路径及管理策略。

（二）教学目标

综合运用引导提问、知识讲授、要领强化、数据分享、案例讨论和视频观摩等方法，将理论、政策和管理实务结合起来，激发学生学习兴趣，引导学生思考并掌握城乡社区管理的责任主体及其关系，了解如何认识和把握创造社区综合治理整体合力。

作者简介：罗海元，中央财经大学政府管理学院副教授，公共事业管理系副主任。研究方向：政府战略与绩效管理、干部选拔和考核评价。

二、教学内容和方法

（一）教学内容

（1）社区组织概念。

（2）社区治理理论。

（3）基层治理政策。

（4）社区管理主体构成及其关系。

（5）社区管理主体协同路径与机制。

（二）教学方法和手段

（1）多媒体与板书相结合。运用多媒体和板书相结合的方式展开教学，清晰展现知识模块及其关系。

（2）提问互动和知识讲授相结合。通过课堂提问互动，激发学生对课程知识点的兴趣，启发思考，兼顾课堂活力和讲授的节奏感。

（3）数据分享、案例讨论和视频教学相结合。用最新的数据、生动的案例和感人的典型事迹直观呈现知识点，有力支撑课程主题。

（4）学生阅读思考和教师教学反思相结合：通过让学生在课后阅读相关书籍、文献，完成课后作业以拓展课程学习，巩固知识点。教师通过课后反思来总结教学经验，及时修改完善教案，确保教学成效持续提升。

三、课程思政设计

（一）思政元素

基层社区治理直接服务人民群众，是党和政府各方面方针政策和战略部署的具体着力点，涵盖政治、经济、社会、文化、生态等领域，参与主体包括党政机关、企事业单位、群团组织和社会机构等各方力量，涉及的思政元素众多、交叉关联，须精心择选、合理安排。具体包括：

①党的十八大以来习近平总书记和党中央关于城乡基层治理重要论述。

②《中华人民共和国宪法》（以下简称《宪法》）、《中华人民共和国民法

典》（以下简称《民法典》）等法律法规有关基层治理的规定。

③党在基层治理中的领导地位和作用发挥。

④新农村建设、乡村治理、乡村振兴和城市精细化管理、城市基层治理、城市社区建设等重要思想和战略决策。

⑤以人民为中心的理念、社会主义核心价值观、"北京精神"在社区治理中的生动体现。

⑥以首都为代表的全国各地基层社区治理实践及其成就。

（二）融入设计

围绕社区治理的组织形式及其运行机制，瞄准整体合力的打造这一核心主题，立足北京实践和首都特色，将社区党组织领导核心地位、主渠道作用、堡垒阵地意识、人民中心理念、社会主义核心价值和北京精神等思政元素融入其中，引导学生清晰认识中国特色城乡基层治理的红色基因、时代特征和比较优势，激发学生热爱首都、关注基层、投身实践的兴趣愿望。具体如下：

①将新时代加强城乡基层党建的思想论述和工作要求作为社区管理主体协同的根本遵循，把党在基层治理中的领导地位和作用发挥作为课程思政元素融入设计的主线。

②导语部分从时代背景的角度综合讲述党的十八大以来习近平总书记和党中央关于新农村建设、乡村治理、乡村振兴和城市精细化管理、城市基层治理、城市社区建设等重要思想和战略决策。

③理论和政策部分自然顺承环节二的思政元素，着重对加强基层治理体系和治理能力现代化建设的意见、关于加强和改进城市基层党的建设工作的意见以及相关政策汇条进行解读。

④社区主体构成和关系部分结合北京的经验做法和相关数据，讲清社区各类组织的发展现状，突出基层党组织总揽全局、协调各方的领导地位。

⑤主体协同路径和机制部分要着重突出社区党组织领导地位巩固和作用实现这一核心元素，通过知识讲授、案例讨论和视频观摩，通过典型事迹感召引发学

生深度思考，使其深刻认识"基层治理好不好，关键在基层党组织、在广大党员"的深刻意涵（见图1）。

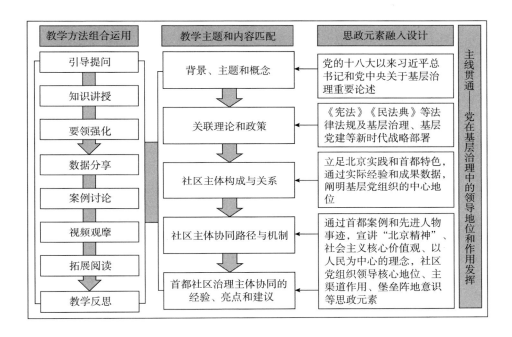

图1　本课程思政的设计思路

四、教学过程安排

（一）背景、主题和概念

随着中国社会结构的转型，中国城市和乡村已跨入社区时代。针对城镇化进程不断加快，大量流动人口进入城市，新业态、新就业人群不断涌现的实际；针对城市中各领域、各单位都在抓党建，但各自为战、难以形成合力的实际；针对城市管理重心下移，街道社区的管理服务作用越来越重要的实际；针对城市建设管理新矛盾、新问题不断增多，人民群众对美好生活的新向往、新期待不断提升的实际；针对当前我国农业农村基础差、底子薄、发展滞后的状况尚未根本改变，农村基层基础工作存在薄弱环节，乡村治理体系和治理能力亟待强化的实际。① 要夯实社会治理基层基础，推动社会治理重心下移，构建党组织领导的共建共治共享的城乡基层治理格局。

（1）核心概念。社区管理主体、主体职责/责任、主体结构/关系。

（2）治理维度。善治、协同治理、网络治理。

（3）组织维度。传统组织架构、虚拟组织、自组织。

（二）关联理论和政策

（1）社区治理的行政、自治和共建。

（2）《宪法》《民法典》《村民委员会组织法》《城市居民委员会组织法》《物业管理条例》。

（3）中共中央、国务院印发的《关于加强基层治理体系和治理能力现代化建设的意见》。

（4）中共中央办公厅印发的《关于加强和改进城市基层党的建设工作的意见》。

（三）社区主体构成

1. 领导力量：街道社区党组织

街道社区党组织应当加强对基层各类组织的政治引领和对居民群众的教育引导。加强对社区的工作支持和资源保障，统筹上级部门支持社区的政策，整合资金、资源、项目等，以社区党组织为主渠道落实到位。对社区内有关重要事项决定、资金使用等，要发挥社区党组织的主导作用。中国共产党在农村的基层组织，按照《中国共产党章程》进行工作，发挥领导核心作用，领导和支持村民委员会行使职权；依照宪法和法律，支持和保障村民开展自治活动、直接行使民主权利。

2. 行政主体：居（村）民委员会、居（村）务监督委员会

居民委员会是居民自我管理、自我教育、自我服务的基层群众性自治组织。不设区的市、市辖区的人民政府或者其派出机关对居民委员会的工作给予指导、

---

① 坚持系统建设整体建设 奋力开创城市基层党建引领基层治理新局面［N/OL］. 人民日报，2021-06-18. http://www.qstheory.cn/qshyjx/2021-06/18/c_1127575302.htm.

支持和帮助。居民委员会的任务：①宣传宪法、法律、法规和国家的政策，维护居民的合法权益，教育居民履行依法应尽的义务，爱护公共财产，开展多种形式的社会主义精神文明建设活动；②办理本居住地区居民的公共事务和公益事业；③调解民间纠纷；④协助维护社会治安；⑤协助人民政府或者其派出机关做好与居民利益有关的公共卫生、计划生育、优抚救济、青少年教育等工作；⑥向人民政府或者其派出机关反映居民的意见、要求和建议。

村民委员会是村民自我管理、自我教育、自我服务的基层群众性自治组织，实行民主选举、民主决策、民主管理、民主监督。村民委员会办理本村的公共事务和公益事业，调解民间纠纷，协助维护社会治安，向人民政府反映村民的意见、要求和建议。村民委员会应当支持和组织村民依法发展各种形式的合作经济和其他经济，承担本村生产的服务和协调工作，促进农村生产建设和经济发展。村民委员会应当宣传宪法、法律、法规和国家政策，教育和推动村民履行法律规定的义务、爱护公共财产，维护村民的合法权益，发展文化教育，普及科技知识，促进男女平等，做好计划生育工作，促进村与村之间的团结、互助，开展多种形式的社会主义精神文明建设活动。

3. 产权主体：业主委员会/物管会、产权归属单位

业主委员会是指物业管理区域内由业主选举出的业主代表组成，通过执行业主大会的决定代表业主的利益，向社会各方反映业主意愿和要求，并监督和协助物业服务企业或其他管理人履行物业服务合同的业主大会执行机构，不具备独立法人资格。业主委员会执行业主大会的决定事项，履行下列职责：①召集业主大会会议，报告物业管理的实施情况；②代表业主与业主大会选聘的物业服务企业签订物业服务合同；③及时了解业主、物业使用人的意见和建议，监督和协助物业服务企业履行物业服务合同；④监督管理规约的实施；⑤业主大会赋予的其他职责。

4. 建设主体：开发企业、承建单位

在业主、业主大会选聘物业服务企业之前，建设单位选聘物业服务企业的，应当签订书面的前期物业服务合同。建设单位应当在销售物业之前，制定临时管

理规约，对有关物业的使用、维护、管理，业主的共同利益，业主应当履行的义务，违反临时管理规约应当承担的责任等事项依法作出约定。

5. 服务主体：物业服务企业

一个物业管理区域由一个物业服务企业实施物业管理。业主委员会应当与业主大会选聘的物业服务企业订立书面的物业服务合同。物业服务合同应当对物业管理事项、服务质量、服务费用、双方的权利义务、专项维修资金的管理与使用、物业管理用房、合同期限、违约责任等内容进行约定。

6. 参与力量：社会组织、市场主体、民办社工机构、驻区机构

研究数据分享：朝阳区社区治理"三率"覆盖进展如下：

（1）物业服务覆盖率进展。朝阳区社区治理"三率"建设基本情况摸排数据显示，截至 2020 年 10 月 20 日，朝阳区物业服务覆盖基数为 1780 个，实际覆盖 1770 个。物业服务覆盖率从 5 月初的 87.8% 上升为 99.5%。其中，专业物业管理区域 1243 个，占比从 5 月初的 53.7% 上升为 69.8%；准物业管理区域 527 个，占比从 5 月初的 34.1% 下降为 29.7%；无物业管理区域 10 个，占比从 12.2% 降为 0.5%（见图 2）。

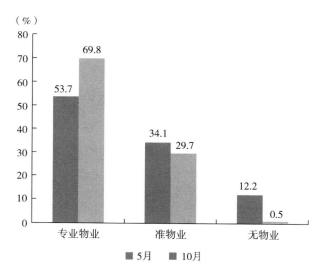

图 2　朝阳区 2020 年 5 月和 10 月各类型物业覆盖区域占比变化

资料来源：①《朝阳区推动治理"三率"建设研究》，2020 年；②下图同。

　　（2）业委会（物管会）覆盖率进展。截至 2020 年 10 月 20 日，朝阳区业委会（物管会）的覆盖基数为 1660 个，现有业委会（物管会）共 1270 个，其中，业委会 127 个，比 5 月初增加了 5 个；物管会 1153 个，全部为新《北京市物业管理条例》实施后新组建。业委会（物管会）总覆盖率为 77.1%，比 5 月初的 6.5% 上升了 70.6%（见图 3）。

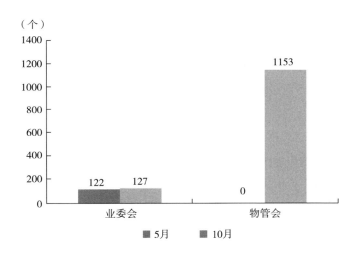

图 3　朝阳区（2020 年）5 月和 10 月业委会（物管会）组建数量变化

　　（3）党的组织和工作覆盖率进展。截至 2020 年 10 月 20 日，朝阳区业委会（物管会）中建立党组织的有 1139 个，业委会（物管会）党组织覆盖率为 89.2%，比 5 月初的 4.1% 上升了 85.1%。物业服务企业共 733 家，成立党组织有 633 家，党组织覆盖率为 86.3%，比 5 月初的 34.2% 上升了 52.1%（见图 4）。

　　（四）社区主体关系

　　基层治理得好不好，关键在基层党组织、在广大党员。各地应充分发挥街道社区党组织的领导作用，推动基层治理有魂、有序、有力、有效。①

---

　　①　党组织领导基层治理能力显著提升［EB/OL］.（2021－08－20）. https：//www.sohu.com/a/484616344_120699559.

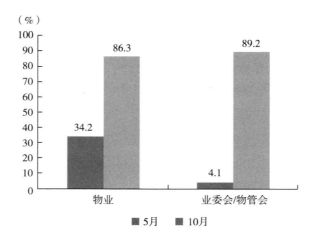

图 4　朝阳区 5 月和 10 月各主体党组织覆盖率占比变化

一是有魂，即强化街道社区党组织领导基层治理的职责，对涉及基层治理的重要事项、重大问题，由党组织讨论后按程序决定，注重把党组织推荐的人选通过一定程序明确为各类组织负责人，把党组织的意图变成各类组织参与治理的举措。

二是有序，即健全党组织领导的居民自治、基层协商、群团带动、社会参与机制，综合运用听证会、议事会、恳谈会等形式，组织群众自己说事、议事、主事，规范各方参与治理的方式和路径。

三是有力，即加强社区网格党建，建设覆盖广泛、集约高效的党群服务中心，使党员群众在家门口就能找到组织，不断提升管理精细度、服务精准度。

四是有效，即积极推进"红色物业"建设，把物业管理力量打造成党的群众工作队；发挥快递员、外卖送餐员、网约车司机等新就业群体在基层治理中的独特作用，当好社情民意"信息员"、精神文明"宣传员"、服务群众"志愿者"，切实增强群众的获得感、幸福感、安全感。

（五）主体协同路径

构建区域统筹、条块协同、上下联动、共建共享的城市基层党建工作新格局。

1. 区域统筹

（1）提升街道党（工）委统筹协调能力。深化街道管理体制改革，优化机构设置和职能配置，充分发挥街道党（工）委统筹协调各方、领导基层治理的作用。推动街道党（工）委聚焦主责主业，集中精力抓党建、抓治理、抓服务。

（2）确保社区党组织有资源、有能力为群众服务。加强对社区的工作支持和资源保障，统筹上级部门支持社区的政策，整合资金、资源、项目等，以社区党组织为主渠道落实到位。采取向社会组织、市场主体、民办社工机构购买服务等方式，丰富社区服务供给，提升专业化服务水平。

2. 条块协同

（1）做实网格党建，促进精细化治理。根据地域、居民、驻区单位、党组织和党员等情况，调整优化网格设置，整合党建、综治、城管等各类网格。加强网格资源配置，把公共服务、社会服务、市场服务、志愿服务下沉到网格，精准投送到千家万户。

（2）建设覆盖广泛、集约高效的党群服务中心。综合区位特点、人群特征、服务半径等因素，整合党建、政务和社会服务等各种资源，统筹建设布局合理、功能完备、互联互通的党群服务中心，打造党员和群众的共同园地。

3. 上下联动

强化市、区、街道、社区党组织四级联动，逐级明确党建工作职责任务。市委抓好规划指导，协调解决重大问题；区（县、市、旗）委提出思路目标，具体指导推动，发挥"一线指挥部"作用；街道党（工）委抓好社区党建，统筹协调辖区内各领域党建工作，整合调动各类党建资源，强化"龙头"带动；社区党组织落实上级党组织部署的各项任务，兜底管理辖区内小微企业和社会组织党建工作。逐级健全党建联席会议制度，明确成员单位职责，定期沟通、上下协同解决问题。

4. 共建共享

（1）推进街道社区党建、单位党建、行业党建互联互动。以街道社区党组织为主导，建立开放性的互联互动纽带，通过签订共建协议、干部交叉任职、人才结对培养等加强组织共建，通过共同开展活动、加强党员教育等推进活动共联，通过整合盘活信息、阵地、文化、服务等实现资源共享。健全街道社区党组织兼职委员制，更好发挥兼职委员及其所在单位共建作用。推动市、区两级机关和企事业单位党组织、在职党员到社区报到全覆盖，采取承诺践诺、志愿服务等做法参与社区治理、有效服务群众。

（2）扩大新兴领域党建有效覆盖。创新党组织设置和活动方式，依托物业服务企业、产权单位、骨干企业等建立楼宇党组织；依托街道、市场监管部门、协会商会或产权单位建立商圈市场党组织；依托各类园区建立党建工作机构，推动入驻企业单独或联合建立党组织；依托行业监管部门建立行业党组织或行业协会党组织，统一管理律师、会计师等行业党建和重点互联网企业党建工作，不断提升新兴领域党的组织和工作覆盖质量。

（3）广泛应用现代网络信息技术。整合各级党建信息平台与政务信息平台、城市管理服务平台等，实现多网合一、互联互通，促进党建工作与社会管理服务深度融合。推广"互联网+党建""智慧党建"等做法，利用大数据做好党建工作分析研判，利用微信、微博、移动客户端等新媒体丰富党建工作内容和形式，巩固和扩大党的网上阵地。

（六）主体协同机制

坚持党对基层治理的全面领导，把党的领导贯穿基层治理全过程、各方面。坚持共建共治共享，逐步建立起党组织统一领导、政府依法履责、各类组织积极协同、群众广泛参与，自治、法治、德治相结合的基层治理体系。

1. 领导机制

（1）强化组织联动，普遍建立四级党建联席会议制度。上一级党建联席会议吸收下一级党组织成员参加，并强化对下一级党建联席会议的指导。抓实责任联动，把抓城市基层党建纳入领导班子和领导干部实绩考核。党组织书记抓基层党建述职评议考核、巡视巡察等重要工作，对考核排名靠后、工作不力的党组织书记进行约谈追责。推进制度联动，建立上级党组织对下级党组织的调度通报、动态管理、督促检查和跟踪问效制度，上下定期沟通、协同解决问题。目前，全国90.4%的地市都建立了四级党建联席会议制度。

（2）强化五级书记抓乡村振兴的工作机制。健全中央统筹、省负总责、市县乡抓落实的农村工作领导体制，建立健全上下贯通、精准施策、一抓到底的乡村振兴工作体系。

2. 管理体制

（1）党组织领导下的社区居民自治机制。在社区党组织领导下，以社区居民委员会和居务监督委员会为基础，完善协同联动的社区治理架构。强化党组织领导把关作用，规范社区"两委"换届选举，防止不符合标准条件的人选进入班子。全面推行社区党组织书记通过法定程序担任社区居民委员会主任、"两委"班子成员交叉任职。依法依规稳妥开展非户籍常住居民和党员参加社区"两委"换届试点，拓展外来人口参与社区治理途径。推进在业主委员会中建立党组织，符合条件的社区"两委"成员通过法定程序兼任业主委员会成员。通过发展党员、引导物业服务企业积极招聘党员员工、选派党建指导员等方式，加强社区物业党建联建，延伸党的工作手臂。建立党建引领下的社区居民委员会、业主委员会、物业服务企业协调运行机制，充分调动居民参与积极性，形成社区治理合力。

（2）加强农村群众性自治组织建设。完善农村民主选举、民主协商、民主决策、民主管理、民主监督制度。规范村民委员会等自治组织选举办法，健全民主决策程序。依托村民会议、村民代表会议、村民议事会、村民理事会等，形成民事民议、民事民办、民事民管的多层次基层协商格局。

3. 机构设置和职能配置

深化基层机构改革，统筹党政机构设置、职能配置和编制资源，设置综合性内设机构。除党中央明确要求实行派驻体制的机构外，县直部门设在乡镇（街道）的机构原则上实行属地管理。继续实行派驻体制的，要纳入乡镇（街道）统一指挥协调。

针对城市管理重心下移，街道社区的管理服务作用越来越重要的实际，城市基层党建必须着力强化街道党组织的统筹协调功能和社区党组织的堡垒聚合作用，夯实系统建设、整体建设的基础。

一是"明责"，推动街道党组织聚焦抓党建、抓治理、抓服务的主责主业，逐步取消招商引资、协税护税等工作任务。

二是"赋权"，按照重心下移、权责一致原则，赋予街道党组织区域综合管理权、规划参与权、重大事项建议权、对上级部门派驻机构负责人的人事考核权等权力。

三是"扩能"，优化街道机构设置和职能配置，变"向上对口"为"向下对应"，推进审批服务执法力量向街道下沉，提升工作效能。①

4. 统筹规划和协调议事

（1）加强党委、政府统筹协调能力。各级党委和政府要加强对基层治理的组织领导，完善议事协调机制，强化统筹协调，定期研究基层治理工作，整体谋划城乡社区建设、治理和服务，及时帮助基层解决困难和问题。

（2）制定落实社区治理建设整体规划。市、县级政府要将乡镇（街道）、村（社区）纳入信息化建设规划，统筹推进智慧城市、智慧社区的基础设施、系统平台和应用终端建设，强化系统集成、数据融合和网络安全保障。健全基层智慧治理标准体系，推广智能感知等技术。

5. 组织建设和干部选任

（1）加强党的基层组织建设，"两委"班子成员交叉任职。强化党组织领导把关作用，规范村（居）民委员会换届选举，全面落实村（社区）"两委"班子成员资格联审机制，坚决防止政治上的两面人，受过刑事处罚、存在"村霸"和涉黑涉恶等问题人员，非法宗教与邪教的组织者、实施者、参与者等进入村（社区）"两委"班子。积极推行村（社区）党组织书记通过法定程序担任村（居）民委员会主任、村（社区）"两委"班子成员交叉任职。注重把党组织推荐的优秀人选通过一定程序明确为各类组织负责人。

（2）加强党对乡村治理人才工作的领导。充实基层治理骨干力量，加强基

---

① 坚持系统建设整体建设 奋力开创城市基层党建引领基层治理新局面［N/OL］. 人民日报，2021-06-18. http：//www.qstheory.cn/qshyjx/2021-06/18/c_1127575302.htm.

层党务工作者队伍建设。各级党委要专门制定培养规划，探索建立基层干部分级培训制度，建好用好城乡基层干部培训基地和在线培训平台，加强对基层治理人才的培养使用。健全社区工作者职业体系，建立岗位薪酬制度并完善动态调整机制，落实社会保险待遇，探索将专职网格员纳入社区工作者管理。

6. 保障投入和购买服务

（1）完善乡镇（街道）经费保障机制。进一步深化乡镇（街道）国库集中支付制度改革。各省（自治区、直辖市）要明确乡镇（街道）、村（社区）的办公、服务、活动、应急等功能，按照有关规定采取盘活现有资源或新建等方式，支持建设完善基层阵地。截至 2021 年 6 月，全国 99.8% 的社区工作经费纳入财政预算，落实服务群众专项经费的社区达 97.1%。①

（2）广泛吸纳社会资金投入社区治理。支持建立乡镇（街道）购买社会工作服务机制和设立社区基金会等协作载体，吸纳社会力量参加基层应急救援。

7. 参与治理，共享共治共建

（1）领导群团组织和社会组织参与基层治理。坚持党建带群建，党组织通过向群团组织派任务、提要求，促进党组织和群团组织资源共用、功能衔接。健全社会组织参与治理机制，培育公益性、服务性、互助性社会组织和群众活动团队，引领各类社会组织专业规范运作、依法依规办事。

（2）完善社会参与激励机制和联动机制。完善社会力量参与基层治理激励政策，创新社区与社会组织、社会工作者、社区志愿者、社会慈善资源的联动机制，完善基层志愿服务制度，大力开展邻里互助服务和互动交流活动，更好满足群众需求。

8. 考核评价

（1）改进基层考核评价。加强对基层治理工作成效的评估，评估结果作为市、县级党政领导班子和领导干部考核，以及党委书记抓基层党建述职评议考核的重要内容。市、县级党委和政府要规范乡镇（街道）、村（社区）权责事项，

---

① 坚持系统建设整体建设　奋力开创城市基层党建引领基层治理新局面［EB/OL］．（2021-06-18）．http：//www.qstheory.cn/qshyjx/2021-06/18/c_1127575302.htm.

并为权责事项以外的委托工作提供相应支持。统筹规范面向基层的督查检查，清理规范工作台账、报表以及"一票否决"、签订责任状、出具证明事项、创建示范等项目，切实减轻基层负担。

（2）健全乡村振兴考核落实机制。对市县党政领导班子和领导干部开展乡村振兴实绩考核，纳入党政领导班子和领导干部综合考核评价内容，加强考核结果应用，注重提拔使用乡村振兴实绩突出的市县党政领导干部。强化乡村振兴督查，创新完善督查方式，及时发现和解决存在的问题，推动政策举措落实落地。

五、案例讨论和视频教学

（一）教学案例

教学案例1：海淀区北下关街道大钟寺社区利用"吹哨报到"机制解民忧

教学案例2：房山区嘉州水郡社区"党建统筹、九元共治"的网格化工作机制

教学案例3：延庆区城管委创新接诉即办新模式：用一百分的响应率"点亮"居民回家路

教学案例4：华西村经验：民主与信任

思考讨论题：

第一题：结合案例1～案例3，从社区多元主体协同治理的角度，讨论北京经验及其亮点。

第二题：结合案例4和微视频观摩体会，以及你所了解的其他城市经验，讨论如何进一步优化北京城市社区治理组织体系。

（二）教学视频素材

视频1：《〈光荣在党50年〉系列片·姜永丰》：让村民过上好日子。本片讲述了北京市顺义区后沙峪镇回民营村原党支部书记姜永丰如何让回民营村由乱到治的故事。通过观摩优秀村支部书记的典型事迹，学习讨论党的领导核心地位在基层治理中如何展现并得以巩固。

视频2：《退休不褪色余热更生辉·汪维信》。本片记录了北京市东城区建国

门街道党员义务指路队队长汪维信极具代表性的一天，浓缩、再现了他 11 年义务指路的故事。通过观摩优秀退休党员的典型事迹，在学习先进人物坚定理想信念和饱满精神世界的同时，讨论志愿工作者如何深度参与基层治理和社区服务。①

六、课程教学总结

（一）教学点评

本讲聚焦新时代中国城乡基层治理的多元主体协同问题，通过讲述让学生感受社会主义核心价值观、以人民为中心的发展思想、"北京精神"等思政元素在中国广大农村和城市社区的生动实践和宝贵价值，懂得新时代加强和改进党的基层领导工作的必要性、重要性，掌握坚守核心、群策群力、共享共治共建美好社区的方向路径。由此，点评着重考察学生"所思""所感""所获"，启发学生从典型事迹到首都亮点深度思考中国特色城乡基层治理的红色基因、时代特征和比较优势。

（二）课后作业

1. 思考题

（1）我国城乡社区的党的领导、行政管理、群众自治和社会共建如何有机统一？

（2）城市社区和农村社区在治理组织体系建设中有何异同？

（3）党在基层治理中的领导作用怎样全方位全过程贯通？

2. 实践作业

一是结合中央财经大学政策管理学院组织的党团先进性学习教育活动，收集2~3 个有关基层治理的先进典型事迹。二是结合个人社会实践计划，选择 1～2 个北京市优秀社区进行走访调研，了解基层党建的现状和经验，形成不少于1500 字的调研报告。

（三）教学反思

（1）基层治理党建和组织工作既要突出政治功能，又要遵循科学规律。思

---

① 视频来源：https://zt.bjcc.gov.cn/rdztindex/6000281.html。

政元素的融入要自然和谐，通过不断检验和调整优化，使各知识模块能够紧密衔接、浑然一体。

（2）课程设计与教学要聚焦社区管理主体协同这一主题，坚持理论与实践相结合，坚持历史和现实相结合，明确问题与政策导向，充分展现时代性、实践性、前沿性。教学主题要动态优化、反复锤炼，相应内容需通过教学检验不断精简、明晰、管用，让学生感兴趣、听得懂、学得会、用得着。

08. 国家发展规划的制度优势与独特经验

——公共部门战略管理课程思政教学案例

李宇环　　于　鹏

一、公共部门战略管理课程介绍

公共部门战略管理课程是为公共管理专业本科生开设的专业必修课。本课程开设的主要目的是对公共组织面临的日益动荡和不确定环境作出回应。公共部门战略管理途径的兴起是全球化、信息化和知识经济时代发展，特别是当代政府改革运动的产物，它构成了由传统的公共行政范式向新公共管理范式转变的一个重要组成部分。在当代西方的政府改革背景下，公共部门尤其是政府的职能、角色、地位、组织结构及其与社会的关系都发生了深刻的变化，因此，任何公共部门都要考虑组织面临的环境、长远目标和未来挑战，持续提升创造公共价值的能力。

本课程采用案例教学、情景教学、实地研学等方法，讲授公共部门战略管理

作者简介：李宇环，中央财经大学政府管理学院副教授，副院长。研究方向：公共部门战略管理、风险治理、应急管理。于鹏，中央财经大学政府管理学院教授，党委书记。研究方向：政府战略与绩效管理，风险治理。

的概念范畴、战略管理的起源与发展、公共部门战略管理的使命与目标、战略管理环境分沂、战略议题管理、战略管理过程等内容。通过本课程的学习，培植学生公共部门战略管理方面的理论功底，强化学生的专业意识，拓展学生的学术视野，扩大学生的理论知识面。同时，在全面系统掌握公共战略管理学知识的基础上，本课程以理论联系实际的方式提升学生对当前政府战略管理实践问题的了解和把握，尤其是对当代中国公共部门战略管理问题的理解和分析，培养学生的战略思维能力，促使学生能从全局和长远的战略视角观察、思考、分析和解决有关政府管理领域中的问题。

二、课程思政建设目标与思政元素

公共部门战略管理课程思政教学以立德树人为根本目标，通过知识讲授、课堂演示、案例讨论、决策模拟、实地研学等形式，让学生在学习公共部门战略管理专业知识的过程中，练就战略思维能力，培养高度的社会责任感和浓厚的公共精神。专业课思政教育的关键在于探寻专业与思政的契合点，针对公共管理的学科属性和公共部门战略管理的课程性质，在以专业为主线的原则下系统融入思政元素，主要培养学生树牢"四个意识"，坚定"四个自信"，坚决做到"两个维护"，激发学生爱党、爱国、爱社会主义的热情等。具体章节的课程思政元素和案例如图1所示。本课程思政教学案例多来自学习强国、央视的新闻节目及人文纪录片。教学方法兼顾课堂内外：一是充分利用传统课堂主渠道，超越课程知识的单纯灌输，做到新旧结合，并贴近新时代学生的需求，尊重学生成长、认知、沟通规律，实现内在教学方法的优化；二是结合公共管理注重实践导向的专业特点，做到"请进来，走出去"，按照授课内容邀请相关领域的公共管理者和决策者为学生讲授战略出台的前后过程，同时通过教学实践活动带学生走入公共管理实践的真实场景，感受真实的战略规划及实施过程，在亲身观察和参与中激发学生的公共价值精神。

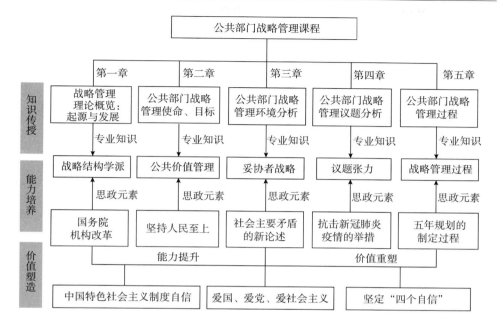

图1 公共部门战略管理专业知识与思政元素的融合

三、公共部门战略管理课程思政教学案例设计

（一）课程思政教学案例简介

公共部门战略管理课程的讲授内容主要包括战略内容和战略过程。我们以《公共部门战略管理》教材的第五章"公共部门战略管理过程"知识点为例，阐述如何在授课过程中将思政元素融入专业知识。

专栏1

本案例的专业知识内容

关于战略管理过程的阶段划分，学者们各持己见，如安德鲁斯将其分为环境分析、制定备选战略、战略评估与实施；纳特和巴科夫将其分为历史背景、形式评估、问题议程、备选战略、可行性评估、实施六阶段；布赖森提出了其包含十个步骤的战略转变循环，但综合来看，战略管理过程包含三个基本步骤，即战略规划、战略实施和战略评价。

战略规划是选定战略方案的过程，经过 SWOT 分析阶段、问题议程阶段、拟定备选方案阶段以及选择阶段，从而选出组织将要实行的战略；战略实施是将选定的战略付诸实施的过程，在实施的过程中，首先应解决资源配置和组织结构设计问题；战略评价是一个实时的过程，它不仅包括在战略选择时进行评价，在战略实施过程中进行评价，还包括在战略实施后进行评价。通过评价，可以使组织始终处于预定的轨道上，也可以使组织与环境时时保持互动，关键是通过战略评价可以对有偏或有错的战略管理实时纠正。

需要特别强调的是，战略管理的三个阶段划分并不意味着这一过程就是一个阶段清晰的线性过程，有时程序并不一定从战略分析开始，评价也并不都在战略的结尾才开展，战略实施过程中可能需要重新返回制定阶段分析环境。因此，战略管理从哪里开始，目标在哪里形成都没有固定的形式，一切都以环境的变化而确定。因此，应该将战略管理的整个过程放在一个张力场域中进行分析，当战略管理的核心要素——目标、资源、结构形成张力时，战略管理者需要重新审视环境的变化，并对战略做出相应的调整。

在以上知识点的基础上，教师引导学生分析中国发展规划的过程阶段是怎样体现战略管理过程的基本理念的。在此，向学生提出逻辑递进的三个思考问题，即"中国的五年规划作为重要的国家治理方式，规划过程包含了哪些环节？是否与战略管理过程的三个阶段相契合？面临瞬息万变的外部环境，规划是否具有灵活的调适空间？"带着对这些问题的思考，教师引导学生从五年规划的编制过程、规划内容、规划体系、中期评估等方面开启探索的旅程。

（二）本案例课程思政教学目标

本案例课程思政教学的目标主要有两点：一是通过案例学习，旨在帮助学生更清晰地了解我国发展规划的制定、实施与评估过程，了解各党政机关在发展规划的战略管理过程中的地位和作用；二是帮助学生了解国情世情，激发学生心系国家和家乡的家国情怀，引导学生从国家治理的高度理解发展规划的治理逻辑，并通过历史对比与中外比较，理解我国发展规划的独特制度与治理优势。

（三）课程思政教学实施过程

1. 时政热点案例引入与互动

问题引入：中国经济社会发展奇迹背后的原因是什么？

教师选择2~3名同学进行问答，并介绍已有的研究观点，讨论究竟是国家能力还是国家治理制度是产生这种奇迹的重要原因。通过讨论总结：中国奇迹的出现比国家能力更为关键的原因是国家治理制度。回顾中国70余年的发展历程，我们发现一项典型的国家治理制度是规划制度，即国家通过编制规划和实施规划来实现治理目标，而其中最为我们熟知的就是每五年一次的国民经济与社会发展的五年规划。从而引出本次课堂的三个内容，即中国特色的五年规划制度、五年规划的战略管理过程、五年规划的独特经验与优势。

本课程授课时正值党的十九届五中全会审议通过《中共中央关于制定国民经济和社会发展第十四个五年规划和二〇三五年远景目标的建议》（以下简称《建议》），教师将《建议》的文本通过雨课堂平台共享给学生，并给学生10分钟的时间浏览阅读《建议》，读完后邀请学生互动讨论"《建议》的总体结构是什么，包含哪些内容，从'一五'计划到'十四五'规划，内容演变的特征体现在哪些方面？"

从《建议》可以看出，五年规划是一个包含环境分析、规划目标、理念原则、重点任务、保障措施五个部分的完整结构，规划内容涉及经济、政治、社会、文化、环保、对外合作等方方面面。从历史的角度来看，规划内容的演变之路经历了从经济计划到发展规划、从指令性指标到多种指标的结合、从微观干预为主到宏观管理为主的发展过程。在了解了五年规划文本的结构与内容后，进一步引导学生思考，五年规划在国家发展规划体系中的位置，并提出一个思考问题——"有了规划文本是否就代表实施了战略管理"，进而提出本教学案例的讲授内容。

2. 讲授国家发展规划制度体系及战略过程

互动问题：五年规划是一个独立的规划还是一套规划体系？五年规划的运行机制是什么？自 1949 年以来，我们国家的五年规划经历了怎样的演变过程？

基于学生的回答，教师介绍中国的规划制度是以国家发展规划为统领，以空间规划为基础，以专项规划、区域规划为支撑，由国家、省、市（县）各级规划共同组成的"三级四类"体系。结合战略管理过程的三个阶段分析规划文本的制定、实施与评估的过程，进而回答五年规划过程是否为因环境变化的战略管理过程。

专栏 2

五年规划的编制、实施与评估过程

党中央制定新的五年规划建议，一般是在实施中的五年规划收官之年进行的，后时三年左右。本次授课主要以"十二五""十三五""十四五"规划为例，介绍五年规划编制、实施、评估的基本流程。

（一）五年规划的编制

第一步为中期评估，为下一个五年规划的制定提供依据；第二步为前期调研；第三步为形成五年规划的基本思路；第四步为党中央《建议》起草；第五步为通过中央《建议》；第六步为起草五年规划《纲要》（草案）。《纲要》（草案）编制要一直持续到次年"两会"之前，是一个集思广益的过程；第七步为公众建言献策；第八步为衔接论证；第九步为征求意见；第十步为审批与发布。

（二）五年规划的实施①

五年规划进入实施阶段后，目标和任务分派给下一级政府和国务院各部门，它们再各自起草详细的实施计划并负责具体执行。具体来看，中央与地方

---

① 韩博天，奥利佛·麦尔敦，石磊. 规划：中国政策过程的核心机制［J］. 开放时代，2013（6）：8-31.

的互动体现在三个方面：①中央对地方的目标控制与引导。中央通过一些决策机制的安排对地方的目标进行引导，使中央意图在地方的政策中得到充分体现。②中央与地方的互动与协商。中央和地方五年规划目标的制定是一个纵向民主的过程，总体上是以一种授权的方式进行的，地方自主制定本地的发展目标，中央对地方的目标进行引导，使其符合中央的预期。③地方对中央目标的响应形式。地方政府对中央五年规划目标的主要响应形式是目标责任制，是指通过工作目标设计，将组织的整体目标逐级分解，转换为单位目标最终落实到个人的分目标。①

（三）五年规划的评估②

五年规划实施到第三年，各级政府都会开始对规划进行中期评估，并调整规划目标。规划评估过程涉及年度评估、中期评估以及实施总结评估。在整个规划评估过程中，各评估机构的有效参与是保障评估顺利实施的关键。

通过对"十二五""十三五"规划的编制、实施与评估过程进行分析，与学生一起总结五年规划编制、实施与评估过程的治理逻辑。首先，五年规划的编制是一个集思广益的过程，具体体现为五年规划的制定坚持多方参与，在规划编制过程中，不同系统、不同层面的无数工作人员参与到这个过程中，通过共同思考未来五年的发展路径，相互交流信息、相互协商，从而达成未来发展方向的共识。除此之外，中央通过在全社会广泛的宣讲动员、组织学习，帮助参与主体更全面系统地了解当前形势，保证大量参与主体最终从整体而不是自身利益出发，对编制规划提出意见。③

其次，五年规划的实施是一个动员激励式的运行过程。全国人大审议通过

---

① 姜佳莹，胡鞍钢，鄢一龙．国家五年规划的实施机制研究：实施路径、困境及其破解［J］．西北师大学报（社会科学版），2017，54（3）：24-30.

② 韩博天，奥利佛·麦尔敦，石磊．规划：中国政策过程的核心机制［J］．开放时代，2013（6）：8-31.

③ 鄢一龙．目标治理：看得见的五年规划之手［M］．北京：中国人民大学出版社，2013.

《纲要》后，国家各部委、各省（区、市）政府会根据《纲要》制定公布一系列实施规划，这些实施规划为具体实施《纲要》提供了初步的细节。各部门接到任务后，会制订一系列工作方案和实施方案，进一步详细说明本部门将如何实现规划目标。在组织实施的过程中，五年规划的约束性指标以及重大工程、重大项目、重大政策和重要改革任务一般会落实到各个责任单位，列入各级党委（党组）和政府年度重点事项，主要负责同志为第一责任人，从而将规划实施与对各级政府及相关部门的目标考核结合起来。因此中国式规划的重要经验，就是在规划项目公布后，中央迅速明确项目的责任分工，制定任务清单，建立实施台账，进行实时监测，并建立目标考核制度。

最后，五年规划的评估是一个不断规范化的调适过程。规划调整在一定程度上反映了五年规划工作比较务实的特点。改革开放后，我国逐渐形成了规划评估调整的制度。根据经济社会发展情况的变化，对规划进行调整是中国式规划的重要经验之一，也是实践是检验真理的唯一标准的体现。当前，我国对规划动态调整的方式主要有规划中期评估和调整，中央经济工作会议对下一年规划任务的调整，政府工作报告对当年规划任务的调整，各地区、各行业在自身规划内的创新试验和调整等。同时，将对规划内容的及时动态调整纳入规划编制的过程，这有助于提升规划编制的科学性和规划内容的适用性，进而更好地发挥规划的作用。

3. 中国发展规划的比较优势与治理经验

这一部分顺理成章地融入思政教育元素，首先通过问题引入让学生思考：世界上几乎没有哪个国家能坚持不懈地按照 5 年周期编制、落实计划。中国从1953 年第一个五年计划开始，不间断地完成了十三个五年规划。[①] 很多外国学者把五年规划看成中国复兴的密码，认为是中国奇迹的一部分。那么，发展规划作为中国重要的治理制度，与其他传统社会主义国家的经济计划相比有什么优势呢？

---

① 周光辉，彭斌. 国家自主性：破解中国现代化道路"双重难题"的关键因素——以权力、制度与机制为分析框架［J］. 社会科学研究，2019（5）：12-24.

专栏 3

中国发展规划的比较优势①

从规划的战略管理过程来看，中国式规划是一种弹性的规划制度，包括适应性的宏观计划和激励性目标治理两个核心机制。

首先，五年规划是一项适应性宏观计划。五年规划的编制，是对不同发展阶段的宏观战略性问题进行长期性、延续性的科学计划，同时也能适应国家各个时期的需要，对目标、内容和任务进行不断调整。根据经济社会发展情况的变化，对规划进行调整是中国式规划的重要经验之一，也是实践是检验真理的唯一标准的体现。五年规划不是僵化的五年一度的一次性工作，早在改革开放前就已经是中央和地方在每个年度不断研究、协商、试验、评估和调整的年度计划。这一制定过程是自上而下和自下而上双向发力的循环过程。改革开放后，五年规划的适应性更为明显。比如，将试点方案加入宏观规划中，引入中期规划评估等，这些做法避免了规划一旦出台就无法调整的困境。在三次经济调整期间，面对艰巨的宏观经济挑战，规划工作显示出了它的适应性，当经济危机的应对措施与长期目标发生冲突的时候，规划可以暂时牺牲长期目标，而当经济复苏一旦在望，又会重新回到既定的长期目标上。

其次，激励性目标治理，五年规划的实施不仅是政府的事情，也是将各个层级不同领域的政策主体相互连接，形成一个庞大的网络，引导或激励各类经济主体的活动，塑造或制约各级政府的行为。

从本质上看，规划的运行机制可以归纳为"一体两翼"，"一体"是指党的领导，是编制和实施规划的核心领导力量；"两翼"分别是指政府和市场。具体而言，在规划编制的过程中，党是看得见的脑，通过科学指导、集思广

---

① 尹俊，徐嘉．中国式规划：从"一五"到"十四五"［M］．北京：北京大学出版社，2021．

益，统筹政府"看得见的手"和市场"看不见的手"的力量，形成社会共识，推动形成规划文本。在规划公布后，党通过约束性指标、预期性指标等激励约束机制，领导政府和市场两只手共同推进规划实施，同时搜集规划实施过程中的反馈意见，对规划进行灵活调整。

改革开放后，五年规划的实施更注重调动所有政府和市场主体的积极性，在提供公共产品的政策领域，主要是依靠指令性计划，如修建铁路、土地使用管理、环境保护等。在公路建设、建立高新区、能源生产、医院改革和市场改革等政策领域，中央越来越多地采用各种形式的签约式治理方式，既保证下一级部门实施上级部门制定的政策，同时又给下一级部门留有足够的创新和自主空间。①

正是因为中国的五年规划兼具适应性宏观计划和激励性目标治理的特征，其对规划制定者的要求之高让许多国家望而却步。唯有中国一直在锲而不舍地坚持五年规划制度，并且时至今日，五年规划制度依然在不断完善之中。

下面以问题导入的方式，引发学生思考：从实践来看，中国式规划创造了世界历史上最具魄力、最为科学的规划制度。那么，中国式规划积累了哪些成功的治理经验？教师在学生互动的基础上做出总结，也是如盐入水融入思政元素的关键。

一是始终坚持党的领导、体现党的主张。国家发展规划是党的主张转化为国家意志的重要途径。只有把党的强有力领导贯穿规划实施全过程，国家发展规划才能始终保持正确方向、有效发挥引领作用。二是始终坚持以马克思主义政治经济学最新理论成果为指导。特别是党的十八大以来，以习近平同志为核心的党中央创造性地提出了创新、协调、绿色、开放、共享的新发展理念，确立了供给侧结构性改革的发展主线，形成了习近平新时代中国特色社会主义经济思想，为编

① 胡鞍钢，鄢一龙，吕捷．从经济指令计划到发展战略规划：中国五年计划转型之路（1953–2009）[J]．中国软科学，2010（8）：14–24.

制和实施"十三五""十四五"规划提供了科学指导。三是始终坚持与时俱进、不断探索创新。"六五"计划将"国民经济发展五年计划"改名为"国民经济和社会发展五年计划",增加了社会发展内容,其后又陆续从"三位一体"拓展到"四位一体"再到"五位一体",更加适应中国特色社会主义事业总体布局要求。规划性质由单纯指令性向宏观性、战略性、指导性和约束性并重转变,"十五"计划减少实物量指标、增加了反映结构变化的预期性指标,从"十一五"规划开始指标分为预期性和约束性两类,都反映了规划功能定位的调整优化。四是始终坚持开门问策、凝聚各方共识。五年规划纲要根据党中央精神制定、经全国人民代表大会批准后向全社会公布实施,规划编制过程中的调查研究、衔接协调、公众参与、专家论证等环节,为集众智、汇众力、凝共识提供了重要平台。规划公布后成为社会各方共同遵循的行动指南,有利于形成对经济社会发展的稳定预期。中长期发展规划是向世界宣布中国发展战略的重要方式,也是国际社会了解、支持和参与中国发展的重要渠道。①

除此之外,通过讲解中国特色的规划制度还有助于学生了解与学习党史和国史。把规划放在党史、国史的发展进程中去考察,有助于学生从国家经济社会发展历史的整体视角,把握规划理论的历史定位和时代要求,有助于深入探讨规划理论的本质内涵和价值主张。

4. 课堂小结和作业布置

教师对本次课内容进行小结,并布置作业,根据课程内容梳理"十三五"规划在实施过程中是如何体现中央与地方的规划衔接的。

四、课程思政的教学成效

本课程采用理论讲授、案例教学、小组讨论等多种教学方法,让学生深入浅出地理解公共部门战略管理的基本理论、方法和实践。在教学过程中,注重引入问题链教学法,借用雨课堂等现代技术教学手段,引导学生在学习的过程中潜移

---

① 五年规划编制和实施的宝贵经验〔N/OL〕. 中国日报网,2020-11-08〔2022-09-17〕. http：//china. chinadaily. com. cn/a/202011/08/WS5fa7e8cba3101 e7ce972e162. html.

默化地加深对中国国家治理制度的理解，并在多国实践比较中认识到这一制度所体现的独特优势和经验。

1. 课程建设评价

公共部门战略管理课程已入选校级课程思政示范课，并以"国家发展规划的战略管理过程：独特经验与制度优势"为主题进行了全校观摩课授课。2021 年依托该课程申请的北京高校师生服务首都"四个中心""双百行动计划"获教师团队优秀示范项目。

2. 学生课堂反馈

近两学期学生评教成绩在 97 分以上，在"我感受到教师的价值取向是培养热爱祖国、了解中国实际，大公无私、乐于奉献的好公民"这一打分项中获评满分。在学期末的学生反馈中，对本课程有以下评价：

学生 1：老师在课堂讲授中运用大量的案例进行教学，让我们能够很容易地理解抽象的理论知识，同时案例所呈现的当前中国治理模式、创新经验等让我们真正明白了坚定"四个自信"的意义。

学生 2：在讲到公共部门的使命陈述和战略目标这一章节时，老师让我们课前观看了"中国市长"的纪录片，进而讲解了什么是"公共价值"，为什么公共部门要创造"公共价值"，以及如何创造"公共价值"，这堂课让我印象深刻，因为它让我明白了公务人员和公众的公共精神对构建现代治理体系的重要性。

学生 3：老师在授课过程中几乎每个知识点都能引发我们对当前现实问题的思考，能够感受到老师在备课时将知识传授和价值引导有机融合的良苦设计，每次听完课都能感受到满满的正能量。

09. 深入学习领会"人民至上"理念 正确把握党政组织领导与决策的原则

——政府组织与治理课程思政教学案例

周湘林

一、课程介绍

政府组织与治理是一门理论与应用相结合的课程，教学内容既包括本学科的基本知识、基本技能和基本理论，也包含本学科的最新发展动态。同时，本课程紧密联系行政组织管理的实践；旨在培养具有一定专业知识和管理理论与管理能力的管理人才，帮助公共管理和其他专业的学生在工作中提升组织管理的能力和水平；通过系统的教学活动和教学手段，使学生正确地掌握组织管理，特别是掌握行政组织管理的基本理论、基本知识和基本技能，提高组织管理的能力。

本课程结合运用讲授法、启发式教学、问题教学法及案例分析等方法进行教学。以教师引导、讲授为主，辅之以个人自学、课堂讨论、案例分析等方法。理论联系实际，注重锻炼学生的思考和分析能力。本课程从组织学的视角，分组织理论、行政组织、政府治理三个模块进行教学，主要学习与探讨下列问题：行政组织学导论、组织理论的发展、行政组织的环境与管理、行政组织的结构与设

作者简介：周湘林，中央财经大学政府管理学院副教授。研究方向：高等教育管理、教育政策、科研诚信等。

计、中国行政组织结构、行政组织的社会心理与管理、行政组织中的领导、行政组织中的决策、行政组织中的冲突管理、行政组织的沟通、行政组织学习、行政组织文化与管理、行政组织的绩效管理、组织变革与发展，以及治理理论与政府治理等。

二、课程思政元素分析

本课程结合行政组织中的领导与决策相关专业知识点，通过学习与解读中国共产党"人民至上"理念的形成、实践等过程，深入体会党政组织领导与决策的出发点、落脚点，使学生深刻领悟"两个确立"的决定性意义，引导学生做到"两个维护"，永远跟党走，指导和帮助学生坚定"四个自信"，鼓励学生学好本领，为了党和人民的事业，在祖国大地上挥洒青春和热血。

（一）理解中国共产党治国理政的根本遵循

"人民至上"是中国共产党治国理政的出发点和落脚点，在党带领全国各族人民奋勇前进的各个时代，"人民至上"始终是党的理论基石、价值取向及实践原点，从而使党和国家事业不断取得成功。

为人民服务是党的根本宗旨。中国共产党自成立之时就把人民利益放在最高地位，在根本政治立场上旗帜鲜明地阐明人民立场，确立全心全意为人民服务的根本宗旨。百年风雨同舟，踔厉奋进，中国共产党矢志不渝与人民同生死、共命运，聚精会神为人民谋利益、谋福祉。

中国共产党的根基和力量在人民。习近平总书记多次强调，人民是党执政的最大底气，也是党执政最深厚的根基；民心是最大的政治；人民是历史的创造者，群众是真正的英雄，人民群众是我们力量的源泉。在奋进新时代的新征程中，要始终坚持"人民至上"这一宝贵经验，为了人民、尊崇人民、相信人民、依靠人民、团结人民，为实现中国梦凝聚不可战胜的伟大力量。

党领导的各项事业发展是为了人民。坚持"人民至上"、以人民为中心的发展思想是习近平新时代中国特色社会主义思想的内核。在新发展阶段，秉持新发展理念，把握新发展格局，统筹推进"五位一体"总体布局，协调推进"四个全面"战略布局，统揽推进"四个伟大"，坚守共产党人的初心使命，一心一意为人民谋幸福、为民族谋复兴。

（二）基于"人民至上"理念深入学习"四史"

党史、新中国史、改革开放史、社会主义发展史（以下简称"四史"）内容各有侧重，党史是中国共产党的领导不断走向成熟的实践史，新中国史是中国共产党推进建设新中国的实践史，改革开放史是中国共产党推进社会主义制度自我完善和发展的实践史，中国共产党是引领世界社会主义发展的重要政治力量。"四史"整体讲的就是中国共产党为人民谋幸福、为民族谋复兴、为世界谋大同的实践史，中国共产党的领导是"四史"的主线。① 在系统研读"四史"材料时，要准确把握党的领导这一主线，要深刻理解"人民至上"这一理论基石，不断深化"四史"学习教育，切实增强在实践中守初心、担使命的思想自觉和行动自觉。将"四史"学习与"四史"精神落实到立德树人这一教育根本任务中来，落实到人才培养的各环节中来，为党育人、为国育才。

三、课程思政教学案例设计

（一）教学目标

一是通过专业知识学习，了解党政组织领导与决策需把握科学化、民主化、法制化等原则，理解决策科学化、民主化、法制化的基本内涵与要求。

二是通过党史学习、教育材料的学习，帮助学生更清晰地了解中国共产党治国理政的出发点和落脚点，更深入地把握党政组织领导与决策的根本遵循。

三是帮助学生更好地了解党情、国情、民情，激发学生心系党和人民的伟大事业，扎根中国大地挥洒青春热血，勤勉好学，锻炼本领，立志在为人民谋幸福、为民族谋复兴的新征程中做出贡献。

（二）教学重点、难点

"人民至上"理念的产生、实践含义及其理论含义是教学的重点和难点。只

---

① 中共中央办公厅印发《关于在全社会开展党史、新中国史、改革开放史、社会主义发展史宣传教育的通知》［EB/OL］.（2021-05-25）. http：//www.gov.cn/zhengce/2021-05/25/content_5612097.htm.

有清晰地了解"人民至上"理念的产生与实践，深刻把握"人民至上"理念的理论含义，才能深入把握中国共产党治国理政的制度优势和治理能力，及其取得成功的宝贵经验。而要了解这些知识需要学生对"四史"，特别是党史，有一定的学习积累和思考领悟，这也就成为本次课的教学重点和难点。

（三）教学基本步骤

首先，进行专业课知识点学习，即党政组织领导与决策的原则等。

其次，结合专业知识点引导进行思政教育，即通过充分的相关材料学习，深入理解中国共产党的"人民至上"理念。

最后，进行课程总结与作业布置，促进"人民至上"理念融于思、记于心、践于行。

（四）思政教育相关学习材料

第一，《10个考察瞬间　感悟习近平"人民至上"理念》。① 内容主旨：坚持以人民为中心的发展思想，是习近平总书记情到深处自然而然的思想流露，想民所想，忧民所忧，急民所急，解民所困，是习近平总书记爱民为民的生动体现。

第二，《人民至上——伟大征程的永恒坐标》。② 内容主旨：回望70多年前，"人民万岁"振聋发聩，响彻大江南北；今天，"人民至上"激荡时空，已成为伟大政党奋勇向前的永恒坐标。正如中国共产党百年来所付出的一切努力、进行的一切斗争、做出的一切牺牲，都是为了人民幸福和民族复兴。

第三，《"人民至上、生命至上"——抗击世纪疫情彰显"中国之治"优势》。③ 内容主旨：面对百年未有之大变局和世纪疫情交织的挑战，中国迎难而上、众志成城，在以习近平同志为核心的党中央坚强领导下，始终践行"人民至

① 10个考察瞬间　感悟习近平"人民至上"理念［EB/OL］.（2020-06-14）. http://news.cnr.cn/native/gd/20200614/t20200614_525127863.shtml.

② 人民至上——伟大征程的永恒坐标［N/OL］. 经济日报，2021-06-24. http://www.ce.cn/xwzx/gnsz/gdxw/202106/24/t20210624_36665545.shtml.

③ "人民至上、生命至上"——抗击世纪疫情彰显"中国之治"优势［EB/OL］.（2022-02-20）. http://www.gov.cn/xinwen/2022-02/20/content_5674698.htm.

上、生命至上"理念，科学精准抗击疫情，有效统筹疫情防控与经济社会发展，携手构建人类命运共同体，让世界看到"中国之治"的优势。

第四，《抗击新冠肺炎疫情的中国行动》白皮书。① 内容主旨：新型冠状病毒肺炎是近百年来人类遭遇的影响范围最广的全球性大流行病，对全世界是一次严重危机和严峻考验。人类生命安全和健康面临重大威胁。中国为被病毒夺去生命和在抗击疫情中牺牲的人们深感痛惜，向争分夺秒抢救生命、遏制疫情的人们深表敬意，向不幸感染病毒、正在进行治疗的人们表达祝愿。中国坚信，国际社会同舟共济、守望相助，就一定能够战胜疫情，走出人类历史上这段艰难时刻，迎来人类发展更加美好的明天。记录中国人民抗击疫情的伟大历程，与国际社会分享中国抗疫的经验做法，阐明全球抗疫的中国理念、中国主张。

四、课堂教学组织与实施

（一）问题引入

党政组织正确领导与决策的基本原则与宝贵经验是什么？通过学习材料《10个考察瞬间　感悟习近平"人民至上"理念》，选择2~3名同学进行交流回答，并讨论比较不同的观点。中国历史上曾出现过许多政治力量，有的认为历史是由少数英雄人物创造的，人民只是跟随者；有的把人民当作"一群羊"，认为推动历史的关键掌握在"牧羊人"的手中。与此截然不同的是，中国共产党始终坚持，人民是历史的创造者，人民是真正的英雄。通过学习与讨论总结：必须坚持"人民至上"、紧紧依靠人民、不断造福人民、牢牢植根人民，并落实到各项决策部署和实际工作之中，落实到做好统筹疫情防控和经济社会发展工作中去，习近平总书记强调的"人民至上"四个字正是党政组织正确领导与决策的基本原则与宝贵经验。由此引出本课程两大方面的教学内容，即专业知识"我国党政组织领导与决策的基本要求"、思政教育内容"'人民至上'理念的产生、实践及其理论意涵"。

---

① 抗击新冠肺炎疫情的中国行动［EB/OL］.（2020-06-07）. http：//www.gov.cn/zhengce/2020-06/07/content_5517737.htm.

（二）专业知识学习

本课程专业知识学习的目标是理解我国党政组织领导与决策的基本要求。

党政组织领导者必须具备良好的政治素质、道德素质、知识素质、能力素质、心理素质。其中，良好的政治素质是首要要求。坚持中国共产党的领导，坚持政治正确，坚持以人民为中心等，又是良好政治素质的基本要求。党政组织领导者需始终以人为本，善待人民。

党政组织领导决策需做到科学化、民主化、法制化。决策科学化是指决策者及其他参与者充分利用现代科学技术知识及方法，特别是行政决策的理论和方法，并采用科学合理的决策程序进行决策。决策民主化是指必须保障广大人民群众和各种社会团体以及决策研究组织能够充分参与组织决策的过程，在决策中反映广大人民群众的根本利益和要求，并在决策系统及其运行中，形成民主的体制、程序及氛围。决策法制化是指通过宪法和法律来规定和约束决策主体的行为、决策体制和决策过程，特别是通过法律来保障广大人民群众参与组织决策的民主权利，并使组织领导者的决策权力受到法律和人民群众的有效监督。①

（三）思政教育

正是在中国共产党的领导下，坚持以人民为中心，努力做到决策的科学化、民主化和法制化，各级党政组织才能作出英明的决策，带领人民群众走向胜利。那么，"人民至上"理念是如何产生的？在实践中是如何落实的？其有什么理论意涵？

1. "人民至上"理念的产生

互动问题：中国共产党治国理政"人民至上"理念是何时提出的？是不是一以贯之地秉持并发扬光大？

基于学生的回答以及对《人民至上——伟大征程的永恒坐标》的学习，明确"人民至上"理念的产生及其坚守，坚定"四个自信"。中国共产党从诞生之

---

① 张威福. 行政组织学［M］. 北京：中央广播电视大学出版社，2017.

日起，就是中国人民和中华民族救亡图存的先锋队，就是中国最广大人民根本利益的忠实代表，就始终不渝为中国人民谋幸福、为中华民族谋复兴，为人民而生，因人民而兴，中国共产党始终把"人民"写在自己的旗帜上；一百年来，为人民利益而奋斗，是立党兴党强党的根本出发点和落脚点，人民是奋斗的目标指向，也是前进的方向指南，江山就是人民，人民就是江山，"一切为了人民"是我们党不变的价值追求；珍视人民、推崇人民，充分彰显出人民立场是中国共产党的根本政治立场，人心是最大的政治，人民是最大的底气，"一切依靠人民"是伟大政党执政兴国的坚实依仗。

2. "人民至上"理念的伟大实践

在中国共产党带领全国各族人民不断前进的征程中，涌现了许多可歌可泣的事迹，越是到关键时刻，就越要回到人民这个"本"和"源"，坚持人民群众的主体地位，倾听人民呼声、汲取人民智慧、凝聚人民力量，紧紧依靠人民，把前无古人的伟大事业推向前进，切实维护好人民的根本利益。例如，在新冠肺炎疫情防控期间，正是基于"人民至上"理念，通过采取强有力的措施，才使这场"抗疫"战争不断取得胜利。

将新华社于 2022 年 2 月发布的文章《"人民至上、生命至上"——抗击世纪疫情彰显"中国之治"优势》推送给学生，引导学生阅读后互动讨论"新冠肺炎疫情防控在中国为什么能取得惊人的效果？在疫情期间中国经济为什么还能持续发展？中国之治的优势究竟是什么？"

从该文可以看出，面对百年未有之大变局和世纪疫情交织的挑战，中国迎难而上、众志成城，在以习近平同志为核心的党中央坚强领导下，始终践行"人民至上、生命至上"理念，科学精准抗击疫情，有效统筹疫情防控与经济社会发展，携手构建人类命运共同体，让世界看到"中国之治"的优势。各级党政组织领导与决策始终坚持"人民至上"理念，护佑生命，把疫情防控作为头等大事；鼓足干劲，疫情之下保民生、强经济、促发展；彰显大国担当，以"人民至上""生命至上"的理念，用信义之举守护公共健康的人间正道，为人类健康命运共同体筑起免疫长城。

3. "人民至上"理念的理论意涵

互动问题：从历史与实践来看，"人民至上"是中国之治的魅力与根本，是中国共产党治国理政的宝贵经验。那么，如何从理论高度来深刻把握"人民至上"理念的理论意涵呢？

学生交流讨论后总结："人民至上"是中国共产党治国理政的出发点和落脚点，在党带领全国各族人民奋勇前进的各个时代，"人民至上"始终是党的理论基石、价值取向及实践原点；为人民服务是党的根本宗旨；中国共产党的根基和力量在人民；坚持"人民至上"、以人民为中心的发展思想是习近平新时代中国特色社会主义思想的内核；各级党政组织领导和决策必须始终秉持和坚决贯彻"人民至上"理念。

（四）课堂小结和作业布置

1. 课堂小结

本课程主要学习了专业知识"党政组织领导决策需做到科学化、民主化、法制化"等内容。正是在中国共产党的领导下，坚持以人民为中心，努力做到决策的科学化、民主化和法制化，各级党政组织才能作出英明的决策，带领人民群众走向胜利。由此深入展开，阐释了课程思政教育内容，即结合相关材料分析了"人民至上"理念的产生、实践及理论意涵等。希望学生在今后的学习、工作中把握正确的政治方向，提高政治站位，勤于思考、善于实践，将"人民至上"理念融于思、记于心、践于行，在各自的岗位上切实为人民服务。

2. 作业布置

教师安排学生学习阅读材料"《抗击新冠肺炎疫情的中国行动》白皮书"，再次深入领悟"人民至上"是中国抗疫实践最重要经验，"人民至上"是中国共产党治国理政的出发点和落脚点，鼓励学生积极撰写相关心得体会。

五、教学反思

（一）实施效果

第一，摆事实、讲道理，让感性认识与理性认识相结合，促进学习的接受度与理解深度。

第二，专业知识点与课程思政元素有机结合，较好地解决"两张皮"问题。

第三，讲政治、讲正气、讲立场，立德树人、全面育人。

（二）存在的问题及今后改进思路

本课程主要为课堂讲授与交流互动，有较为丰富的学习材料，但后续宜带领学生适度参与实地考察和相关实践活动，切实增强学生的思想认识与行动能力，力求取得更好的课程效果与育人目的。

10. 北京城市体检：寻找超大城市规划治理"良方"

——城市规划课程思政教学案例

王　伟

一、课程介绍

城市规划是中央财经大学城市管理专业的主干课程，授课内容具有理论性与实践性相结合的显著特征，将培养学生对城市规划制定与实施的系统认识。伴随我国城镇化的快速发展，城市在国家治理体系中的地位日益重要。习近平总书记指出"考察一个城市首先看规划，规划科学是最大的效益，规划失误是最大的浪费，规划折腾是最大的忌讳"。近年来以人民为中心的城市发展理念的深入，为城市规划课程进行思政教学的融入创新创造了良好条件。

作为中国城镇体系金字塔尖的"超大城市"，北京是反映中国城市治理现代化水平的重要窗口。常见的人口膨胀、老龄化严重、交通拥堵等城市困扰，亟须寻找新时代治理良方。2017 年 9 月 29 日，《北京城市总体规划（2016 年—2035 年）》（以下简称《北京总规》）由中共北京市委、北京市人民政府正式发布并实施，标志着北京城市发展拥有了一张新时代的发展蓝图。针对新版《北京总规》，《中共中央、国务院关于对〈北京城市总体规划（2016 年—2035 年）〉的

作者简介：王伟，中央财经大学政府管理学院副教授，城市管理系主任。研究方向：空间规划与治理，大数据与智慧城市管理。

批复》中明确要求北京"建立城市体检评估机制"。首次提出的"城市体检"成为确保北京总规实施的重要机制，成为北京新版规划的重要创新，成为北京城市空间治理的重要抓手。按照中央部署的相关要求与指导意见，北京市已在2018~2020年连续三年开展城市体检工作，形成了较完善的工作体系与工作机制。

为此，在讲授城市规划实施管理的知识单元时，课程以中国最重要的超大城市——首都北京作为分析对象，引入中医的"望闻问切"理念，聚焦其在全国率先探索开展的城市体检工作，围绕"以城市体检为抓手，牵住城市规划牛鼻子"的研究主线，构建"战略—流程—绩效—机制"的"四层双环"分析框架，引导学生对北京城市体检工作进行深入探讨与系统剖析，深刻感受和理解中国特色的城市治理创新。

二、课程思政元素分析

本课程主要围绕超大城市治理、城市规划、规划实施、城市体检等关键词展开分析，与以习近平同志为核心的党中央在大政方针的建设上保持了高度一致。2014年2月25日，习近平总书记在北京市考察工作时强调："建设和管理好首都，是国家治理体系和治理能力现代化的重要内容"；同时首次提出："考察一个城市首先看规划，规划科学是最大的效益，规划失误是最大的浪费，规划折腾是最大的忌讳"。2017年2月24日，习近平总书记在考察工作时指出："城市规划在城市发展中起着重要引领作用。北京城市规划要深入思考'建设一个什么样的首都，怎样建设首都'这个问题。"

三、课程思政教学案例的设计与实施

（一）教学目标

1. 知识目标

了解具有中国特色的、原创性的城市治理实践，认识城市体检中所蕴含的中国之"智"、中国之"制"和中国之"治"。

2. 能力目标

学会透过全国率先开展的北京城市体检案例，基于基本理论集成分析框架，增强由点及面、由表入里的分析能力，在案例研究中培养学生分析问题、解决问题的能力。

3. 素质目标

对城市体检的研究，体现了新时代追求高质量发展、高品质生活和高效能治理的要求。凝练出体现中国新时代发展要求的公共管理知识与技能，从而为学生更好参与未来城市治理打下基础，更好服务国家治理体系和治理能力现代化大局。

（二）教学意义

随着我国进入新发展阶段，城市成为实现国家治理体系与治理能力现代化的核心平台。对于如何实现高质量发展、高品质生活和高效能治理的发展目标，城市体检作为一项具有中国特色、原创性的城市治理工具，将发挥重要作用。因而，本课程的教学具有典型性，它借助由公共管理理论基础构建的整体性分析框架，在指导我们对城市体检这一工作开展条理清晰、系统分析、全面认识的同时，更在潜移默化的过程中让学生对城市体检的认识实现了从感性到理性的升华。

（三）教学过程实施

1. 课程思政融入的教学内容

北京市城市体检的"1+4"创新性总结：①工作组织层面：从"0"到"1"的架构奠基；②战略层面：以总规为纲，建立全生命周期治理体系；③流程层面：遵循 PDCA 循环理念，明确工作流程设计；④绩效层面：量体裁衣，构建首都特色体检指标体系；⑤机制层面：创新协同治理机制，推动城市治理方式转变。

2. 教学方法

教学方法主要运用启发教学法、研讨教学法和探究教学法，并辅以数据、影像、文字、案例等多种现实例证和研究资料。

3. 教学理念

本课程确立了"在探索中理解城市治理多样性，在学术中贯彻思政教育，在研讨中提升理论思维"的教学理念，实现了课程教学、德育培养和学生为主体的统一。

4. 教学创新

本课程采用"现象—问题—讨论—理论—思政"五环相扣的教学方法，把"讲、议、思、看、读、写"等教学方式结合起来，使学生在学习过程中实现理论思考、能力培养和课程思政的有机统一。

5. 教学过程

第一步：案例导入——提出问题。

随着城市发展进入后工业时代，人们的物质生活水平逐渐提高，建设宜居城市的规划方案映入大家的眼帘，老百姓也开始关注城市的宜居性。驻足北京，依赖百度等搜索引擎，不禁发现在中国科学院于 2016 年 6 月 14 日发布的《中国宜居城市研究报告》中，北京排名靠后。报告中也给出了原因：此次北京的排名主要受制于三大维度，即环境健康性、交通便捷性和居民对自然环境的认知。其中，环境健康性维度是北京宜居城市建设的最大短板。

那么，随着近些年的发展，北京关于环境健康性、交通便捷性等指标有没有发生改变？在此，对空气质量、水环境、城市绿化、城市交通四个方面进行了资料收集和数据分析。

1. 空气质量

北京常被人们诟病的当属其"雾霾天儿"，"雾霾"作为一个新兴的天气现象，派生于特定气候与人类活动的相互作用。2013 年 1 月，北京城空气中细颗粒物 PM2.5 的月均浓度值高达 159.5 微克/立方米，超过了世界卫生组织规定的最宽标准 75 微克/立方米 1 倍多。另外，年平均浓度值层面，二氧化氮（NO_2）及可吸入颗粒物 PM10 作为重要的考核指标，也相继超过了国家标准。就 2013 年来说，1 月 31 天中有 26 天都是雾霾天气，这是多么可怕的数据。

打开新闻，满屏都是关于雾霾的报道，口罩第一次作为非流感人群的出行标配而被争相囤货。那一年，空气净化器受到了人们前所未有的青睐和哄抢。

以下是一组天安门的实景对比图，详细如图 1、图 2 所示。

图 1 2013 年 1 月天安门实景

资料来源：财经网。

图 2 2019 年 1 月天安门实景

资料来源：笔者实地拍摄。

经过多年的治理，北京市 2019 年较 2013 年的空气质量达标天数增加了 64 天，总达标比例约为 65.8%。空气重污染天数由 2013 年的 58 天减少为 2019 年的 4 天。另外，根据中国生态环境部 2021 年 2 月 23 日通过媒体发声，北京空气质量于 2021 年 1 月跃居全国十佳，取得了第 8 位的殊荣。

此外，我们梳理分析了北京市生态环境局发布的各年度《北京市生态环境状况公报》，详细如图3、图4所示。

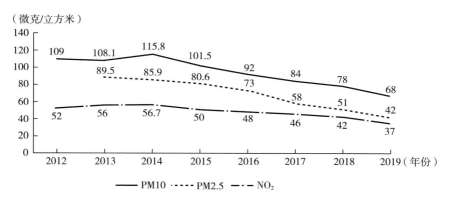

图3 2012～2019年北京市空气主要污染物年平均浓度

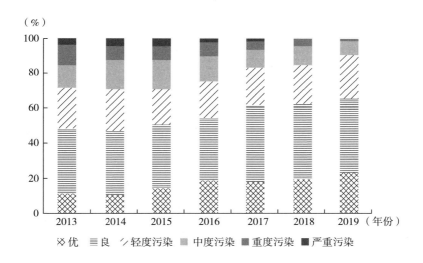

图4 2013～2019年北京市空气质量级别分布

通过对比2012～2019年北京市空气主要污染物年平均浓度可以发现，自2014年开始，在年平均浓度层面，空气中的细颗粒物PM2.5、二氧化氮（NO₂）、可吸入颗粒物PM10呈逐年下降趋势。其中，2017年PM2.5的治理效果最为显著，呈明显的下降趋势。综合来看，北京的空气质量在污染浓度平均年度变化和空气质量达标层面都呈向好的趋势。

2. 水环境

水是人类社会赖以生存和发展的不竭动力。由于其系统的复杂性，且同时具备时、空、量、序的动态变化，它对人类活动的干扰与压力也具有不容忽视的特性，所以，我们在探究生活宜居性的同时，也就绕不开对水环境的关注。

永定河是北京的母亲河，对保障自然生态环境和京津冀协同发展实施具有十分重要的意义。昔日，永定河涵养京城，润泽华北，但长期以来过度开发以及气候环境等多重因素，导致河道干涸断流，生态环境恶化。

对永定河的肆意破坏，使昔日的母亲河满目疮痍，一场新的生态水环境修复之战势在必行。2016 年北京市政府出台总体方案，开始关注其综合治理与生态修复，2020 年 4 月，永定河的生态补水工作正式启动，5 月 12 日，水流正式漫过京冀交界处，自此，永定河北京段实现了 25 年来首次的全线有水。

干涸的永定河开始流淌，呈生机勃勃之势，有水、有鱼，便引来了更多的生物，昔日的母亲河再次容光焕发。

地表水作为与居民息息相关的水资源，其重要性不言而喻。同样，我们也深知永定河的干涸修复过程在北京并不是个例，那么针对普适性的北京水资源我们又该如何认知？案例小组成员查阅相关的资料，试图找到答案（见图 5 至图 7）。

图 5 2012~2019 年北京市地表水主要污染指标年平均浓度

资料来源：2012~2019 年《北京市生态环境状况公报》。

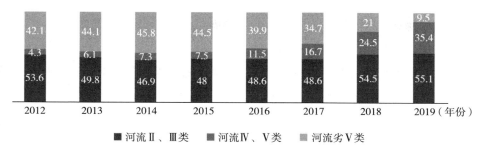

图6 2012~2019年北京市各类水质河流长度占监测总长度百分比（%）

资料来源：2012~2019年《北京市生态环境状况公报》。

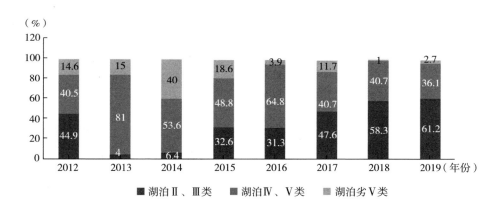

图7 2012~2019年北京市各类水质湖泊占监测水面面积百分比

资料来源：2012~2019年《北京市生态环境状况公报》。

由图7可见，北京地表水水质总体保持稳定，主要污染指标年平均温度、河流、湖泊水质等要素在近些年的改变与空气质量一样都呈现逐年向好趋势。

3. 城市绿化

"绿树成荫的笔挺道路，时而迎来一群骑行者，偶尔驶过两三辆轿车，没有喧嚣的鸣笛，在静静的夏夜，有的也只是耳边连绵的蝉鸣。"这幅唯美温馨的画面，相信是很多人对城市的定义和向往。那么北京是否也存在这一隅闹中取静的乐土？在调查中，我们发现北京新街口城市森林公园就是这样的存在。

新街口城市森林公园位于新街口北大街西侧，它是一个是名副其实的城市绿地。该公园作为危改区域内的临时空地，在 2017 年建成开放。空地经过改造变成森林公园，在为附近的住户解决户外健身场所短缺问题的同时，这种近乎自然的森林生态系统在一定程度上也提高了城市人居环境的感官体验。

近年来，北京总体的城市绿化呈现何种发展趋势呢？基于此，调查小组在查阅相关资料后，就 2012~2019 年的北京市绿化资源做了对比（见图 8、图 9）。

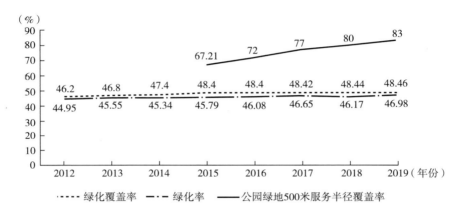

图 8　2012~2019 年北京市绿化资源状况

资料来源：北京市园林绿化局公布的各年度城市绿化资源情况。

图 9　2012~2019 年北京市人均绿化资源状况

资料来源：北京市园林绿化局公布的各年度城市绿化资源情况。

2012~2019 年，北京市的绿化覆盖率及绿化率均稳中向好，在 2015 年新增指标"公园绿地 500 米服务半径覆盖率"连年攀升，从 2015 年的 67.21% 升至 2019 年的 83%。对于公园绿地的建设，北京市在 2012 年之后开始增加对公园绿地的建设，8 年内北京市人均公园绿地面积增加了 0.9 平方米/人。对于人均绿地面积而言，2012 年与 2013 年稳中向好，2014 年由于人口的流入，绿地面积的增加速度未能追及人口增加的速度，使人均绿地面积骤降，但在 2015 年之后人均绿地面积呈稳步上升趋势。综上所述，近年来，北京在城市绿地资源的覆盖率和人均面积上都呈现增长趋势。

4. 城市交通

一直以来，城市的交通拥堵问题备受人们诟病，北京首都也经常性地被人们戏称为"中国首堵"。尤其是通勤的早晚高峰，也是作为"打工人"不得不面对的一大难题。

通过调查，我们发现在大数据的披露下，2015 年北京堪称全国最堵的城市，其高峰拥堵延时指数[①]为 2.06，引发高额拥堵时间成本。2016 年、2017 年北京均位于全国通勤最堵城市前二。

2020 年北京的交通健康指数同比变好，并在高德地图统计数据的 31 个省（自治区、直辖市）（不含港澳台地区）位于前五。在 2020 年度绿色出行意愿指数上北京有幸排名前十（见图 10、图 11）。

与此同时，从北京市交通委员会发布的一系列报告中，我们也可以发现，2012~2015 年，北京市交通拥堵指数稳中带升，呈轻度拥堵状态。2016 年略呈下降趋势，2018~2019 年交通在运行上平稳有序，拥堵加剧程度略有缓解，服务能力与品质进一步提升（见图 12、表 1）。

公共交通系统中，公交线路由 2012 年的 779 条、长度 19547 千米提升为 2019 年的 1158 条，长度 27632 千米。地铁的运营线路在 2019 年总计比 2013 年增加了 6 条，线路长度涨幅近半，呈现明显上升趋势。可见近年来，公交系统的

---

① 这里的延时指数意为"拥堵延时指数"，是城市拥堵程度的评价指标，即城市居民平均一次出行实际旅行时间与自由状态下旅行时间的比值。

覆盖面有所提升，出行更加便利舒适（见表2）。

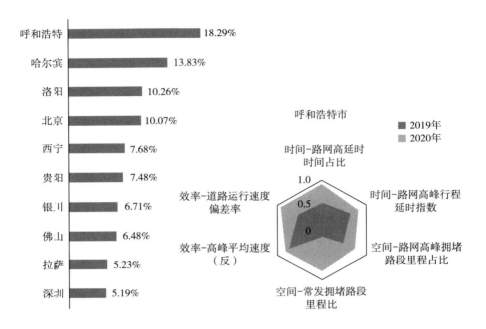

图 10　2020 年度交通健康指数同比变好城市 TOP10

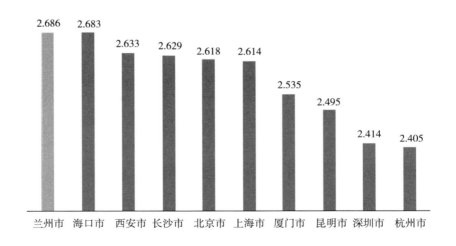

图 11　2020 年度绿色出行意愿指数 TOP10 城市

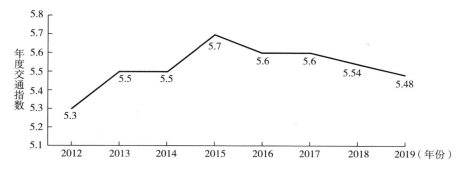

图 12　2012～2019 年北京市年度交通指数

资料来源：北京市交通委员会发布的相关年份《北京市交通发展年度报告》。

表 1　2018～2019 年出行时间指数对比

年份	单位	综合出行时间指数	地面公交出行时间指数	地铁出行时间指数	小汽车出行时间指数
2018	分钟/千米	4.38	3.6	2.92	2.33
2019		4.25	3.53	2.17	2.79

资料来源：北京市交通委员会发布的相关年份《北京市交通发展年度报告》。

表 2　2012～2019 年地铁及公共汽（电）车运营相关指标情况

年份	公共汽（电）车运营线路（条）	地铁运营线路（条）	公共汽（电）车线路长度（千米）	地铁运营线路长度（千米）
2012	779	17	19547	442
2013	813	17	19700	465
2014	877	18	20249	527
2015	876	18	20186	554
2016	876	19	19818	574
2017	886	22	19290	608
2018	888	22	19245	637
2019	1158	23	27632	699

资料来源：北京市交通委员会发布的相关年份《北京市交通发展年度报告》。

第二步：组织研讨——小组探究。

根据平时小组合作学习的分组，以小组为单位开展研讨：2012～2019 年，北京城市环境总体变化趋好。是什么在促成这些改变？又是什么在推动北京市逐步提升？北京作为城市体检首发站，城市体检工作如何开展？如何对城市运行产生影响？又是如何让北京这座城市发生变化？应该怎样高效开展推广城市体检？

第三步：教师讲评——理论升华。

教师对学生讨论结果进行点评归纳：城市体检作为一项具有中国特色、原创性的实践创新，无先例可循。北京城市体检针对"如何组织？体检什么？如何诊断？如何治理？"四大核心问题支撑北京城市治理能力提升的目标，形成以下五个方面的创新与特色（见图13）。

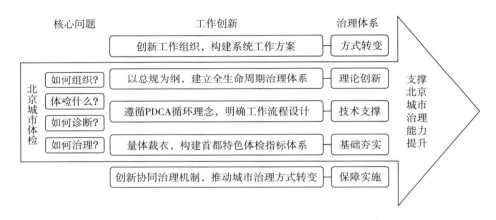

图13 北京城市体检工作五大创新与特色

第一，就目前的文献而言，传统的城市发展评价类研究基本上呈现出对城市一体两面认知的分离状态，这种分离状态造成关注城市发展状态评价所获得的认知，无法有效指导城市规划治理实践，而城市规划实施类的评价又缺乏足够的城市发展规律认知来指导。于是，常常导致前者多停留于"纸上谈兵"，后者又陷于"盲人摸象"。城市体检作为一项具有中国特色的、原创性的城市治理实践，通过抓住城市规划这一"牛鼻子"，促进规划的科学有效实施，是一种集成式的创新，是对传统评价与评估的超越。它为超大城市治理提供战略性的保障，紧紧把握城市发展的系统性与规划实施的动态性，科学建立城市发展与城市规划的整体联系，从而建立起更加合理的一张蓝图绘到底的保障机制。

第二，基于对国内外相关公共管理理论与方法的比选，选择公共部门战略管理、PDCA 循环、KPI 和协同治理四大理论作为案例分析的理论基础，构建分析框架。即形成一个以战略为驱动核心、PDCA 循环为流程、KPI 理论为支点、协同治理为机制的四个圈层相互嵌套、彼此关联，实现两个循环，即科学诊断环和高效治理环的相互联动；最终构成"四层双环"的 SPPM 整体性分析框架，指导学生对城市体检这一工作开展清晰条理、系统全面的分析认识（见图 14）。

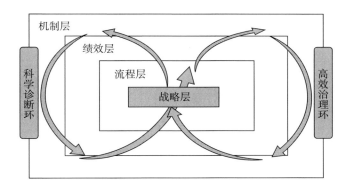

图 14 "战略—流程—绩效—机制"（SPPM）"四层双环"分析框架

第三，创新性总结北京市城市体检的"1+4"经验。在战略层面，实现以总规为纲，建立全生命周期治理体系；在流程层面，遵循 PDCA 循环理念，明确工作流程设计，包括体检程序—螺旋上升运转，持续改进工作，体检方式—自评估、第三方评估和公众参与的"三位一体"，体检技术—多源数据校核，更加精准识别城市病灶；在绩效层面，量体裁衣，构建首都特色体检指标体系；在机制层面，创新协同治理机制，推动城市治理方式转变，包括组织方式—高位统筹、部门协同、责任约束—逐层传导，构建领导干部监督问责机制，综合施策—对症下药，为精细化治理提供实施保障。

北京城市体检顺应城市工作新形势、改革发展新要求、人民群众新期待，形成了"以一套长效工作机制为制度保障，以一份综合体检报告为决策支持，以一张指标体系表为绩效监测，以一张空间发展规划图为蓝图指引，以一张任务清单为实施抓手，以一个信息化平台为智能化工具支撑"的系统化治理方案，从而使城市体检成为一项可持续的工作，支撑北京城市治理能力提升，走出一条中国特色城市发展道路（见图15）。

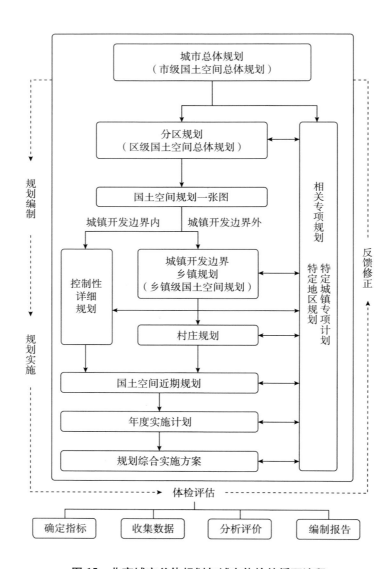

图 15　北京城市总体规划与城市体检的循环流程

第四步：外延延展——思政点睛。

北京市建立城市体检评估制度来积极落实党中央提出的要求，并且连续三年开展城市体检工作，不断形成丰富的实践经验，为超大城市的城市治理提升提供良好示范。伴随着中国进入新发展阶段，城市成为实现国家治理体系与治理能力现代化的核心平台，而实现高质量发展、高品质生活和高效能治理的发展目标，城市体检作为一项具有中国特色的原创性实践，将发挥重要作用。与此同时，仍有很大潜力可以挖掘，需要我们进一步加强思考的广度、深度、高度，加强城市体检与城市治理体系其他环节的统筹联动，加强大数据等新一轮科技革命和产业变革的决策支持，不断丰富与完善中国城市治理方案。持续跟踪北京乃至全国的城市体检工作的同时，进一步凝练总结城市体检工作中的中国之"智"、中国之"制"、中国之"治"，进一步总结升华能"具有世界语言，讲好中国故事"的公共管理理论。

第五步：课后作业——巩固提升。

以课程小组为合作单元，每组选择一个熟悉的城市案例，探讨开展城市体检的可能性，并以"假如我是市长，我会这样做"为议题，撰写 1 篇不少于 5000字的城市体检工作方案，并于后续进行课堂展示汇报。

四、课堂教学反思

本案例以人们实际生活的城市治理为主要内容进行撰写，并引入教材之外的政府正在推行的相关政策进行研究，内容设计层次分明，话题新潮，条理清晰，既有生动鲜活的事例、数据，又有严谨的理论阐述。既有对现行制度的分析，又有对未来制度推行、案例推广的展望，能够在有效激发学生学习兴趣和探究欲望的基础上，达到对学生理论思维的训练，在把论文写在祖国大地上的同时，又能使学生在专业知识学习的过程中梳理正确的政治认知（见图16）。

本次教学活动，由"如何治小病、防大病、不得病"出发，让城市的生命得到呵护和延续。北京作为城市体检首发站，体检工作如何开展？为案例引发思考导入，让学生带着问题进行学习，通过小组合作的方式进行研讨，形成对城市体检工作的初步认识。在此基础上，通过教师讲授的方式进一步引申出城市体检工作作为中国原创性实践存在的必要性，最后启发、引导学生针对城市体检的不足之处展开进一步的研究和探索。在教学过程中，学生的知识得以拓展，认识得以深化，也潜移默化地起到了课程思政的作用。

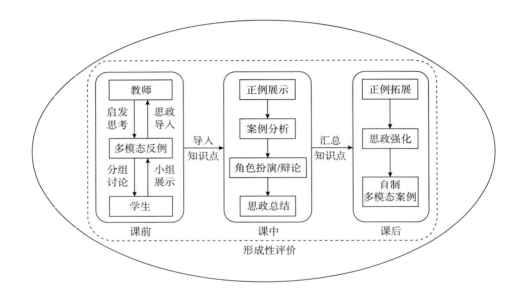

图 16　案例贯穿课程思政教育全过程

在今后的教学中，要将"课程思政"理念自觉融入专业课程教学当中，通过系统梳理课程教学内容，重组知识体系结构，将课程思政元素与专业教学资源有机融合，注重学思结合、情理相融、知行统一，打造"三位一体、一体两翼"教学新模式。"一体"即系统教学、专题教学、实践教学的"三位一体"，"两翼"是指"研究型+互动型"教学，创新使用启发式、参与式、沉浸式、嵌入式、开放式等现代化教学方法，在精准认识和把握思政课教学方法改革"变"与"不变"关系的基础上，更加坚守思想政治教育的政治导向、价值取向、师生角色走向和育人终极方向要素不变，不断提升思政课的实效性。

11. 城市群发展的理论基础和实践探索

——城市管理学概论课程思政教学案例

陈红霞

一、课程简介

城市管理学是研究城市中的经济、社会等管理活动中的一般规律的科学。[①]城市管理学概论是城市管理专业的重要基础课程,授课对象是政府管理学院城市管理专业本科生。城市管理学概论课程的授课内容主要涉及三个板块:第一个板块是城市管理学的基础,包括城市与城镇化、城市管理发展脉络、城市管理的主体构成以及主体之间的关系、城市管理的制度框架等。第二个板块是城市管理的主要内容,包括城市发展战略管理、城市经济管理、城市环境管理、城市空间管理、城市社会事务管理等。第三个板块是当代城市管理实践中的热点问题,包括城市管理基础设施、城市交通管理、城市危机管理等。本课程旨在通过讲授城市管理学领域的相关概念、理论、前沿观点和实践案例,为学生构建现代城市管理学知识结构奠定基础。

作者简介:陈红霞,中央财经大学政府管理学院城市管理系教授。研究方向:城市与区域经济、城市与区域规划。

① 刘广珠,等.城市管理学〔M〕.北京:清华大学出版社,2014.

二、教学目标

城市管理学首先要研究城市的性质、城市发展的规律，研究城市化进程及其存在的问题和政策选择。① 本节"城市群发展的理论基础和实践探索"隶属于城市管理学概论课程第一板块的第一部分——"城市与城镇化"，本讲主要内容是城市群的概念、发展规律，以及我国城市群实践发展，阐释我国城市群实践的重要意义和独特的制度优势。通过不断探索课程思政建设实施方案，以爱党、爱国、爱社会主义、爱人民、爱集体为主线，将思政元素融入专业课教学之中。相关内容对学生深入理解我国城镇化发展的历史进程、基本特征、新型城镇化建设的时代背景、城市发展战略管理等具有重要意义，对后续课程内容也起到了重要的衔接作用。

1. 知识目标

党的二十大报告明确指出："深入实施区域协调发展战略、区域重大战略、主体功能区战略、新型城镇化战略，优化重大生产力布局，构建优势互补、高质量发展的区域经济布局和国土空间体系。""推进以人为核心的新型城镇化，加快农业转移人口市民化。以城市群、都市圈为依托构建大中小城市协调发展格局，推进以县城为重要载体的城镇化建设。"② 城市群是指以中心城市为核心向周围辐射构成的多个城市的集合体。③ 城市群是城市区域化和区域城市化发展的高级形态，也是中国特色新型城镇化的主体形态。系统把握城市群的理论基础，梳理城市群的实践历程，有助于学生全面理解城镇化的发展规律，以及城市发展的区域协同战略实施的重要意义，进而建构完整的城市管理理论。

2. 能力目标

通过学习，使学生掌握城市群内涵、发展的基本规律；学会结合基本规律分

① 杨宏山. 城市管理学：第三版［M］. 北京：中国人民大学出版社，2019.
② 高举中国特色社会主义伟大旗帜 为全面建设社会主义现代化国家而团结奋斗——在中国共产党第二十次全国代表大会上的报告［EB/OL］.（2022-10-25）. http：//www.gov.cn/xinwen/2022-10/25/content_5721685.htm.
③ 顾朝林. 城市群研究进展与展望［J］. 地理研究，2011，30（5）：771-784.

析我国城市群实践的阶段特征。培养学生分析问题、解决问题的逻辑思维能力；运用专业基本理论分析现实环境和条件，并因地制宜解决实际问题的应用能力；能够结合实践背景，运用理论知识进行创新的能力。

3. 育人目标

通过对城市群发展规律、中国城市群发展实践的学习，引导学生深刻体会在中国共产党的坚强领导下，我国城镇化建设和城市发展取得的伟大成就，坚定永远跟党走的理想信念。

通过对城市群内涵的阐释，使学生深入理解城市群是实现区域协调发展的重要载体，城市群有助于增强区域发展的平衡性，优化区域发展布局，推动共同富裕，并深刻理解城市群实践的独特制度优势。

在习近平新时代中国特色社会主义思想的指引下，现阶段实施以城市群为主体形态的新型城镇化战略，体现了中国共产党对城镇化发展规律的科学把握。城市群实践是促进区域协调发展、城市和区域可持续发展、经济高质量发展的重要路径，不断满足人民日益增长的美好生活需要，持续提升人民群众获得感、幸福感、安全感，助力学生树立正确的世界观、人生观和价值观。

三、教学重点与难点

教学重点：让学生理解城市群内涵、我国城市群实践的重要意义和独特的制度优势。

教学难点：如何结合城市群发展的基本规律分析我国城市群实践的阶段特征。

四、课程思政元素

习近平总书记指出"高校思想政治工作关系高校培养什么样的人、如何培养人以及为谁培养人这个根本问题。要坚持把立德树人作为中心环节，把思想政治工作贯穿教育教学全过程，实现全程育人、全方位育人，努力开创我国高等教育事业发展新局面。"① 本讲内容从专业课的视角，聚焦课程思政，践行立德树人，通过对城市群基本理论的讲授，使学生系统把握城市群内涵、发展规律；通过解读城市群实践，深入理解现阶段以城市群为主体形态推进新型城镇化的重要意义，坚定学生的理想信念，厚植爱党、爱国、爱社会主义的情感；通过分析讨论不同城市群的发展路径，深入体会推进以人为核心的新型城镇化的历史意义。

1. 深入体会在中国共产党领导下我国城镇化的伟大成就

中华人民共和国成立以来，在中国共产党坚强有力的领导下，我国用几十年时间完成了西方国家 200 多年才完成的城镇化进程，创造了世界城市化历史的奇迹。尤其是改革开放以来，每年城镇化率增长 1 个百分点左右，同时，在城市建设、经济实力、社会发展等方面取得了令世人瞩目的巨大发展成就。透过我国城镇化的发展，使学生深切感受和体会中国共产党带领全国人民为实现国家富强、人民富裕，向着实现中华民族伟大复兴的中国梦而做出的探索和努力，做到"学史明理、学史增信、学史崇德、学史力行"。在城镇化发展的关键时期，提出新型城镇化发展战略，并将城市群确立为主体形态，体现了以习近平同志为核心的党中央从全局和战略高度，审时度势，对城镇化的发展规律的科学把握，坚定学生听党话、跟党走的信念。

2. 深刻理解城市群实践背后的制度优势

党的领导是中国特色社会主义制度的最大优势，是实现经济社会持续健康发展的根本政治保证。城镇化是党领导人民在革命、建设和改革的各个时期取得的重大历史成就的缩影，通过系统梳理城镇化在各个发展阶段的时代背景和阶段特征，使学生深刻感受到在中国共产党的坚强领导下，统筹规划顶层设计的制度优势。城市群是区域一体化下的经济地理结构，有利于打破行政区划的界线，能够实现生产要素的自由流动。中国特色社会主义制度是中国发展进步的根本制度保障，城市群内部城市之间能够有效地开展分工合作，组织和整合资源，充分发挥中国特色的制度优势。

---

① 全国高校思想政治工作会议［EB/OL］.（2016 - 12 - 08）. http：//www. moe. gov. cn/jyb_xwfb/s6319/zb_2016n/2016_zb08/201612/t20161208_291276. html.

3. 深刻理解坚持以人民为中心的发展思想

中国的城市群是伴随国家新型工业化和新型城镇化发展到较高阶段的必然产物。[1]《国家新型城镇化规划（2014—2020 年）》《国家新型城镇化规划（2021—2035 年）》对我国新型城镇化进行了顶层设计。[2] 新型城镇化坚持以人为核心，是中国共产党"为中国人民谋幸福，为中华民族谋复兴"的初心使命的体现。城市群规划的实施是促进区域协调发展的重要举措，不仅能够有效推动城市间产业分工、基础设施共享、环境保护协同等联动，也能够通过中心城市对周边城市的带动、通过城市群对周围区域的带动、通过城市对乡村的带动，助力共同富裕。城市群是区域协调发展、可持续发展和经济社会高质量发展的重要载体，引导学生通过城市群实践，深入体会发展为了人民、发展依靠人民、发展成果由人民共享。

五、教学方法与手段

（一）问题导入式教学法

教师对授课专业知识内容进行结构化梳理，针对每个知识点提出循序渐进的问题，引导学生逐步深入地思考，调动学生学习和探索的积极性和主动性，提高课堂效率。

（二）合作学习教学法

针对城市群实践的教学内容，提前将学生分成若干学习小组，根据典型案例搜集整理资料，并在课上进行分组汇报、完成组间的案例共享，充分发挥学生学习的主体作用，让学生在合作中发现新问题、获取新知识、打开新思路。

六、教学实施过程

（一）问题引入

展示表 1，提出问题：近年来多个城市群规划（纲要）发布，究竟什么是城

---

[1] 方创琳. 中国城市群研究取得的重要进展与未来发展方向 [J]. 地理学报，2014，69（8）：1130-1144.

[2] 换挡提质 新一轮新型城镇化开启 [N/OL]. 经济参考报，2022-06-08. http：//www.jjckb.cn/2022-06/08/c_1310616836. htm.

市群？拟请 2~3 位学生回答，并结合回答导入本节课的知识点。

表 1 部分城市群规划（纲要）一览表

名称或区域	规划情况	名称或区域	规划情况
京津冀	《京津冀协同发展规划纲要》	黔中	《黔中城市群发展规划》
长江三角洲	《长江三角洲城市群发展规划》	海峡西岸	《海峡西岸城市群发展规划（2008—2020 年）》
珠江三角洲	《珠江三角洲地区改革发展规划纲要（2008—2020 年）》	天山北坡	《天山北坡经济带发展规划》
成渝地区	《成渝城市群发展规划》	北部湾	《北部湾城市群发展规划》
山东半岛	《山东半岛城市群发展规划（2016—2030 年）》	呼包鄂榆	《呼包鄂协同发展规划纲要（2016—2020 年）》
哈长	《哈长城市群发展规划》	滇中	《滇中城市群发展规划（2016—2049 年）》
长江中游	《长江中游城市群发展规划》	关中平原	《关中平原城市群发展规划》
中原地区	《中原城市群发展规划》	兰州—西宁	《兰州—西宁城市群发展规划》

资料来源：笔者整理而成。

教师从当前热点出发，以启发式提问引入，激发学生积极主动思考。问题前半部分侧重现象，引导学生关注城市群的发展，以及经济社会发展的热点。问题后半部分涉及本节重要的理论概念，启发学生将现实热点与专业理论知识联系起来，尝试从专业知识的角度分析问题，并能从现实观察中探寻规律。

（二）城市群的内涵和发展规律

教师提出互动问题：城市群呈现什么特点，有哪些共同特征，又有什么特殊性？城市群的本质是什么？城市群发展的规律是什么？

针对第一个问题，在学生回答问题的基础上，教师介绍对城市群的不同定义。总结不同表述的共同之处，即城市群的基本特征：一是确定的空间范围；二是核心城市—外围区域的组织结构；三是经济社会行为互动等，培养学生的分析判断和总结归纳能力。

针对第二个问题，城市群核心是城市之间实现以产业分工合作为基础的经济一体化。我国独特的制度优势保证了城市群实践的顺利进行，这一制度优势体现在：在中国共产党坚强有力的领导下，近年来，以京津冀、长三角、珠三角城市群为代表的多项规划（纲要）陆续出台，为培育城市群，增强区域竞争力创造了良好的制度政策环境；主要城市群已经形成了广泛的利益协调机制，包括多元主体的协同共治机制、资源开发和生态补偿机制、梯度产业格局的培育机制、重点领域的优先发展机制等；典型城市群内部的各城市已建立了主要领导联席会议制度、政府间工作协调机制等多层次行政协调联动机制等，充分保证了城市群分工合作的有效性和协调方式的灵活性，释放了城市群强大的发展动能。① 通过上述分析讨论，使学生认识中国特色社会主义制度的优越性，增强学生中国特色社会主义的道路自信、理论自信、制度自信、文化自信。

针对第三个问题，教师介绍相关理论。城市群是城市区域化、区域城市化发展到成熟阶段的高级空间组织形式。引领学生深入体会在中国共产党的坚强领导下，我国城镇化取得的巨大成就，2011 年，我国城镇化率首次突破 50%，进入全面城市化阶段，已经具备了城市群发展的现实基础，京津冀、长三角、珠三角等城市群已经成为我国人口和经济活动最为集中的区域。我国城市群规划是在遵循城市群发展规律基础上的科学决策，通过逐层深入地引导，提升学生对中国城镇化成就的自豪感和未来发展的自信心。同时，当前城镇化所处阶段也是决定城镇化能否健康成长的关键期，在新发展阶段，中国的城镇化将由过去的高速城镇化转向高质量城镇化。以人的城镇化为核心、以城市群为主体形态、以综合承载能力为支撑、以体制机制创新为保障的中国特色新型城镇化道路，是以习近平同志为核心的党中央深刻把握我国新型城镇化发展规律做出的重大战略部署，再次体现了中国共产党带领全国人民推进民族复兴的坚定意志和坚强决心。

（三）我国城市群实践的重要意义

教师提出互动问题：为什么新型城镇化以城市群为主体形态，城市群对于现阶段经济社会发展具有什么意义？

针对这一问题，教师阐释以城市群为主体形态推进中国特色新型城镇化是促

---

① 陈红霞．都市圈产业升级与区域结构重塑［M］．北京：科学出版社，2018.

进区域协调发展的重要举措，能够通过城市功能互补、产业分工合作实现互利共赢，同时，也能够辐射和带动周边地区发展，助力共同富裕。以城市群为主体形态推进中国特色新型城镇化是促进城市可持续发展的重要途径。在快速城镇化进程中，也出现了一些亟待解决的矛盾，如特大城市的交通拥堵、环境污染等。从这一角度看，城市群能够实现城市之间、地区之间优势互补的分工合作，通过宏观调控和市场自发调节作用实现人口、生产要素等的合理配置，实现区域协调发展。城市群是双循环和经济高质量发展的重要载体，当今世界正经历百年未有之大变局，在经济全球化和区域经济一体化过程中，城市群内部经济结构加速重组，区域经济快速发展，这些城市群对我国整体经济可持续发展，深化供给侧结构性改革，扩大内需，实现创新驱动和经济高质量发展等具有举足轻重的作用。城市群也是建设统一大市场的重要着力点。2022年，《中共中央　国务院关于加快建设全国统一大市场的意见》发布，指出"建设全国统一大市场是构建新发展格局的基础支撑和内在要求"。城市群具有基础设施一体化程度高，已形成协同发展机制等有利条件，成为区域市场一体化和建设全国统一大市场的重要载体。

教师阐释新型城镇化的理念和实践坚持以马克思列宁主义、毛泽东思想、邓小平理论、"三个代表"重要思想、科学发展观、习近平新时代中国特色社会主义思想为指导。通过对城市群实践现实意义的层层剖析，引导学生深刻认识我国城市群规划和实践的重要意义，是中国共产党带领全国人民，从新世纪新阶段的实际出发，适应现代化建设需要，充分把握我国经济社会发展阶段特点，遵循城镇化发展规律做出的统筹规划、顶层设计，对新时代中国特色社会主义发展做出的重大战略部署，通过引导学生，厚植爱党、爱国、爱社会主义的情怀，助力铸魂育人。

（四）典型城市群实践案例解析

这部分拟结合前期预留作业（城市群的实践案例），通过学生分组汇报的合作学习教学法，交流讨论京津冀、长三角、珠三角城市群等不同的实践模式。

在经济全球化和经济转轨的过程中，京津冀、长三角、珠三角等城市群发展步伐加快，城镇化发展的水平和质量不断提升，成为我国人口、经济活动最为集中和活跃的地带，国际竞争力显著增强。针对不同的实践模式，引导学生基于中国特色社会主义制度优势分析我国城镇化道路，结合城市群理论，梳理总结多种实践模式的特点、独特的经验和适用性。引导学生深入理解在顶层设计统筹规划下，尊重客观规律、立足发展实际，因地制宜的发展路径。深入体会城镇化和城市群实践是不断探索发展的过程，是城市建设、经济发展等领域取得日新月异变化的过程，是人民幸福感、获得感和安全感不断提升的过程，也是践行发展为了人民、发展依靠人民、发展成果由人民共享的过程。通过案例讨论，鼓励学生将城市管理的基本理论运用到生活实践中，分析和处理实际问题，培养和提高学生的思辨能力和应用能力。

（五）小结和课程作业

教师通过案例讨论梳理总结我国城镇化的实践路径，并布置作业。

12. 以土地弹性供应支撑首都高质量产业体系落地的思考与实践

——城市土地与住房管理课程思政教学案例

柴　铎

一、课程概况

（一）课程简介

国有建设用地资源资产配置方式是城市管理专业本科生专业限选课城市土地与住房管理课程中第四章土地产权制度的核心内容。科学配置城乡土地的利用结构与空间布局，调节和平衡土地开发与保护中的矛盾与冲突是我国城市发展建设和国土空间治理的重要任务，也是应对住房问题、"大城市病"问题、环境污染问题、"三农"问题等的根本工具。学习、研究、创新土地资源配置方式，是在自然资源资产管理领域深入贯彻落实习近平新时代中国特色社会主义思想的行动体现，对推动城市更新行动、大力推进生态文明建设、全面推进乡村振兴、推进农村土地改革、建立房地产市场长效调控机制具有重要意义，是本专业立足首都、为服务首都建设提供要素工具的实践探索。

作者简介：柴铎，中央财经大学政府管理学院副教授。研究方向：自然资源资产权益管理、城乡土地政策、土地保护与利用评价等。

（二）教学目标

1. 知识目标

知识目标包括：①了解土地产权制度与中国特色土地产权制度实践；②掌握基于《中华人民共和国城镇国有土地使用权出让和转让暂行条例》《招标拍卖挂牌出让国有建设用地使用权规定》《协议出让国有土地使用权规定》《划拨用地目录》《规范国有土地租赁若干意见》（"四令一文"）的土地资源资产划拨、出让、租赁、作价出资或入股、授权经营等管理规定、适用场景、优势和弊端；③熟悉土地资源配置方式创新的政策要求与应用价值：以北京市"三城一区"建设为例。

2. 能力目标

一是知识学习能力：通过"故事教学法"导入课程思政元素，讲授中国共产党领导的土地革命历史，增强学生对政策类课程原理、方法的理解和切身感悟，提高知识的吸收效率，全方位掌握土地资源使用权配置相关知识体系。二是观察分析能力：提升学生公共管理知识的融会贯通能力（知识演绎与理论创新能力）、观察社会和发现问题能力、实地调研和分析思考能力。三是创新设计能力：面向首都需求，提高学生的实践创新能力，结合北京市"四个中心"功能建设目标和"四个服务"职能，针对"三城一区"建设的新型用地需求，提出适配不同用地场景的土地资源配置体系和具体解决方案，训练学生成果制作与表达展示能力。四是归纳演绎能力：基于本讲所学加以类比、演绎、延伸、拓展，将土地配置方式创新思维推广到具有中国特色的自然资源管理体制与制度创新实践中。

3. 价值目标

第一，帮助学生正确、正面理解中国共产党领导的土地改革的伟大历史意义和现实价值。第二，培养学生立足专业、报效国家的自发意识和内在动力。第三，带领学生在一个个生动的土地利用案例中了解我国国民经济和社会发展的实际需要和现实问题，增强学生胸怀家国的使命感。第四，启发学生推动公共政策理论本土化、构建中国特色自然资源政策话语体系的兴趣。

二、课程思政元素

党的十九大以来，习近平新时代中国特色社会主义思想对自然资源资产"两统一"管理体制改革做出了系统性谋划。公共管理人才不仅应具备充足的专业知识，而且要肩负强烈的社会责任感、民族复兴精神，以及把理论应用到实际生活中的能力。土地资源配置方式创新课程具有天然的课程思政属性，是培养学生家国情怀和社会责任感的重要阵地。因此，在此课程的教学设计上，首先注重传授给学生国有建设用地资源资产配置方式专业理论知识；其次重点培养学生的家国责任与使命担当、理论自信与文化自信、创新精神与动手能力，时刻以党的理论政策及精神引领本课程的教学过程。

一是以党的理论政策引领课程学习。在党的治国理政战略指导下，在系统梳理党的城乡土地政策理论、实践探索历程基础上，本课程以习近平新时代中国特色社会主义思想为指引，以公共政策设计、分析、评估、修正的基础理论方法为主要教学内容，通过课堂讨论、梳理、解析党的二十大强调的生态文明建设、两个阶段碳减排奋斗目标（2030 年"碳达峰"与 2060 年"碳中和"目标）、共同富裕等最新思想，明确土地产权制度改革与供应方式优化的导向，填充、更新学生知识框架。

二是家国责任与使命担当。近年来，从《生态文明体制改革总体方案》到《中华人民共和国国民经济和社会发展第十四个五年规划和二〇三五年远景目标纲要》（以下简称"十四五"规划），我国土地与住房政策不断演化。"十四五"规划将深入推进以人为核心的新型城镇化，聚焦城市更新、生态修复、功能完善，建设海绵城市、韧性城市，提高城市治理水平等目标。上述任务的达成、落地需要土地政策创新的支持。本课程以党和国家重大战略、政策方针为指引，紧密贴合我国自然资源资产"两统一"管理与土地配置方式创新的最新政策，并以北京市"四个中心"功能建设和"四个服务"功能发挥为应用场景，以"三城一区"建设为实践阵地，引导学生学习、创新土地政策的热情，培养学生心系家国的意识和历史责任感。

三是理论自信与文化自信。新时代中国经济社会面临的多重挑战使公共管理学科建构环境处于不断变革之中，为了应对艰巨繁重的国内改革发展稳定任务，实现新的突破性发展，中国正在加快调整经济增长和社会治理模式、转变政府职能，这对公共管理学科人才培养提出了新的挑战。虽然经过了数十年的探索，但公共管理学科知识理论中仍有大部分来自西方，其价值观、方法论与现今我国的社会实际存在较大脱节。在自然资源资产政策领域，需要扎根本土化实践，发展并完善中国特色的自然资源公共政策理论与研究工具体系。通过引导学生创新实践，实现知识价值的转化落地，为发展中国特色公共资源政策理论提供生动的实践案例。

四是创新精神与动手能力。本课程以问题为导向，时刻面向国家经济社会治理的重大需求，追踪党和国家土地制度改革的最新政策动向，紧扣我国新时代社会的主要矛盾变化和学科发展前沿，编写形成具有中国本土化特色的砌体结构系列教案，形成了包括文字教材、多媒体课件、网络课件等在内的教学内容体系。面向我国城市发展、土地空间利用、住房体系建设中的实际工作、时效问题设立教学模块；以时事、时政为案例素材讲授课程内容，迅速为学生建立"学专于何？学用于何？"的概念，培养其谋划城市发展战略、分析设计土地政策工具、建构社会民生和住房保障制度逻辑的技能。

三、设计思路

本课程导入思政元素采用"双链融合+三层递进"的模式设计：首先，系统梳理中华人民共和国成立以来党的城乡土地产权制度演进脉络，采用故事教学法等方式带领学生了解当时的社会背景和革命斗争形势，理解党的土地产权制度的设计思路和目的。其次，通过大量实际产业项目落地的案例分析，向学生呈现我国改革开放以来各类要素市场化配置与优化利用的发展趋势，指出传统"四令一文"面对新型用地需求时存在的问题和不适应之处。在此基础上，教师通过讲授土地革命至今党的土地路线方针为学生建构基础知识；进而以小组讨论和教师引导思考切入，启发学生辨析土地配置方式创新的要点和关键环节，引导学生以北京市为观察对象，提出土地配置方式创新的思考与见解，开展政策创新设计探索。本课程思政的设计思路如图1所示。

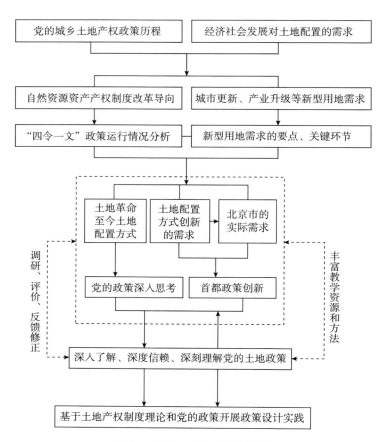

图1 本课程思政的设计思路

（一）教学内容

本课程按照"党的理论政策—国家现实需求—首都迫切需求与针对性政策设计实践"三大版块设计教学内容，全过程贯穿思政元素（见表1）。

（二）教学方法和手段

1. "线上+线下、课堂+课后"的立体化案例研学

以教师口头讲授专业理论、研究工具、研究方法为主，占教学时长的比例约

表1 城市土地与住房管理课程安排

板块内容	重要思政元素	教学方法	相关联的专业知识和教学案例
党的城乡土地配置政策发展演进历程	理论自信与文化自信	故事教学法、理论教学法	梳理1947年至今的土地管理政策： 1947~1955年，《土地法大纲》《土地改革法》启动城镇土地渐进国有化。1949年的《中国人民政治协商会议共同纲领》、1950年的《契税暂行条例》《城市郊区土地改革条例》和1954年的《宪法》仍保护城市居民私有房屋及土地的买卖、出租、入股、典当、赠与或交换权利，用地实行租拨制。1953年的《国家建设征用土地办法》和1954年的政务院财习字第15号文件规定公有制单位可以用财政资金征收使用土地，经政府批准占用土地不再缴纳租金。1956年的《关于目前城市私有房产基本情况及进行社会主义改造的意见》提出私人占有的城市空地、街基等地产一律收归国有，城镇土地脱离市场配置转向行政划拨。改革开放初期，中国将恢复土地市场化配置作为经济体制改革的切入点，借助土地用途管制，赋予国有建设用地商业开发的特有使用权并单独市场化配置。1986年的《土地管理法》、1988年的《宪法》和《土地管理法》修订确立了国有建设用地使用权市场化配置的合法性基础。20世纪90年代在国有企业改革中，相继出台了《国有企业改革中划拨土地使用权管理暂行规定》《关于到境外上市的股份制试点企业土地资产管理若干问题的通知》和《国土资源部关于加强土地资产管理促进国有企业改革和发展的若干意见》，产生了国有建设用地使用权租赁、作价出资或入股、授权经营等土地资产处置方式。1998年《土地管理法》修订，《城镇国有土地使用权出让和转让暂行条例》《规范国有土地租赁若干意见》《划拨用地目录》《招标拍卖挂牌出让国有土地使用权的规定》《协议出让国有土地使用权规定》相继出台，国有建设用地使用权划拨、出让、租赁、作价出资或入股、授权经营五类方式成形
现行土地配置方式的不足与土地弹性配置方式创新的优势	创新精神与动手能力	案例教学法	中国现行国有建设用地配置的主要法律依据是"四令一文"，建立了自然资源资产所有者供应土地使用权的一级市场和土地使用权二次交易的二级市场，对应形成了出让、划拨等土地使用权初始配置方式与转让、抵押等二次配置方式，其问题已日益凸显：土地配置和资产管理机构错位，所有者职责缺位、越位，土地配置方式不当、权能设立不合理等问题广泛，造成用地低效和权益纠纷。《民法典》中，租赁、作价出资入股等配置方式仍未实现物权法定，土地市场化配置方式刻板、缺乏互补性，过度倚重出让方式，难以适应多层次用地需求，不利于管控地价，且滋生囤地问题，后期更新改造难度大、成本高，阻碍土地利用调控。2020年3月，中共中央、国务院发布了《关于构建更加完善的要素市场化配置体制机制的意见》，对推进土地要素市场化配置改革作出了明确的政策安排

板块内容	重要思政元素	教学方法	相关联的专业知识和教学案例
首都"三城一区"建设中产业用地弹性供应政策的需求要点与必要性	家国责任与使命担当	案例教学法、成就驱动法、"线上+线下、课堂+课后"的立体化案例研学	"三城一区"即中关村科学城、怀柔科学城、未来科学城和北京经济技术开发区，是北京加强全国科技创新中心建设的主平台。中关村科学城系统布局基础前沿技术；怀柔科学城集聚顶尖科研机构；未来科学城增强创新要素活力；北京经济技术开发区做好扩区后战略产业布局，承接三大科学城科技成果转化，以及提高国际化发展水平。北京市"十四五"规划部署"四个中心"建设目标和"四个服务"基本任务，围绕"三城一区"为基地建设国际科技创新中心。但经过多年发展，北京市产业支持政策也走向瓶颈：传统的税收优惠支持政策、企业落户政策、员工住房政策等因北京市纾解功能、"减量化"发展，以及当前城市居住成本、生活成本和财税承受能力的限制而捉襟见肘，而北京市在地理区位、自然资源禀赋等方面优势又不突出。因此，通过土地政策创新为"三城一区"建设提供支撑就成为北京市科创中心建设、吸引高新技术产业入驻的一个重要的政策突破口

为60%。授课团队积极利用线上平台，拓展课后教学资源，为学生提供丰富的影音学习资料，指导学生开展研究学习并答疑解惑，在课堂展开相关案例讨论。目前已经形成了"国有建设用地先租后让""国有建设用地""城乡建设用地增减挂钩"等20余个案例库。

2. 故事教学法

作为一项政策性课程，教学手段单一和内容相对枯燥困扰着教学研发设计的全过程。为增强课堂内容的"趣味"，让公共政策"鲜活"起来，让课堂教学从"板着脸"走向"笑着学"，让"满堂灌"走向"引导式的思考和讨论"，根据党和国家关于城乡土地制度改革、土地政策、自然资源"两统一"管理、住房事业发展等方面的最新政策文件精神，教师全面更新课程教学内容，采集典型案例和实践效果评估数据资料，针对中国共产党领导的土地制度改革的不同历史时期经验，引入相关历史故事，经过归纳、演绎、加工，在确保信息不失真、含义不走样的原则下，将理论知识方法和规律包装成生动、有趣、形象、体验感强的"教学故事"，为学生理解和消化城市土地与住房管理政策提供鲜活、沉浸式的知识传递形式。同时，丰富教师授课的方式和技巧，实现教学相长。通过将公共政策的运行机理、设计评估方法、经典实践案例包装成历史故事、经典案例、类比性寓言故事，营造沉浸式的体验场景。通过故事中的人物关系、事件起承转合引导学生开展理论原理的类比、反推、思辨，形成由浅入深、由表及里、由此及彼的教学效果实现层次，促使学生沉浸在故事中的场景并深入理解公共政策原理和方法。

3. 成就驱动法

一方面，注重小组作业展示。围绕国有化等主题，鼓励学生自由分组、自主分工、独立思考、整合协作，并上台展示研究报告成果；挑选优秀成果在《中国房地产报》等媒体发表，作为成就引领。另一方面，探索优化实践教学方式。借助研究团队成员的合作研究渠道，为学生联系实地调研、参观访问、现场学习的机会，帮助学生实地了解土地和住房政策实施的情况和效果，对课程学习内容进行批判性反思。同时，鼓励学生运用调查成果参加各类学科竞赛。

四、教学案例

（一）案例素材简介

"三城一区"即中关村科学城、怀柔科学城、未来科学城和北京经济技术开发区，是北京加强全国科技创新中心建设的主平台。中关村科学城系统布局基础前沿技术；怀柔科学城集聚顶尖科研机构；未来科学城增强创新要素活力；北京经济技术开发区做好扩区后战略产业布局，承接三大科学城科技成果转化，以及提高国际化发展水平。在上述建设目标达成的过程中，土地弹性供应政策发挥了积极的作用，但也面临着诸多管理难题亟待破解。

（二）案例教学目标

教师帮助学生全面掌握北京市产业用地弹性供应政策的历史缘由、来龙去脉、趋势动态；深刻把握北京市"三城一区"建设过程中的土地利用诉求以及土地在支撑高质量现代产业体系建设中的作用。根据北京市过去的政策实践，结合全国其他省份产业用地弹性供应政策创新实践经验，教师提出北京市"三城一区"建设中产业用地弹性供应支持政策的设计方案。教师训练学生了解政策、观察政策、调研政策、分析政策、设计政策的能力，厚植爱党、爱国、爱社会主义的情感。

（三）案例教学内容设计

本案例的思政元素主要体现在北京市"十四五"规划部署"四个中心"功能建设目标和"四个服务"基本任务中，以"三城一区"为基地建设国际科技创新中心，需要产业用地弹性供应政策支持。培养学生了解国家产业发展政策、北京市城市发展政策，进而立足本专业，利用所学知识服务首都发展建设的热情。

1. 挖掘首都土地政策，关心首都发展历程：北京市产业用地弹性供应的政策演化历程

资料收集、要点提取和系统梳理是开展政策创新研究最基础的技能。通过梳理政策文本，一方面训练学生查找资料、整理文献的能力，另一方面培养学生关心政策及时事的品质。在课程教学中，教师带领学生系统研读 2013 年北京经济技术开发区《北京经济技术开发区关于进一步加强工业用地管理提高土地节约集约利用水平的实施意见》（京技管〔2013〕64 号）、《中共北京市委关于制定北京市国民经济和社会发展第十三个五年规划的建议》（京政发〔2015〕60 号）、《北京市降低实体经济企业成本实施方案》（京发改〔2017〕695 号）等政策，思考政策间的衔接、递进、演化发展规律和趋势。

2. 实地调查研究能力培养：北京市产业用地弹性供应的最新政策和亦庄实践

教师借助研究团队成员的合作研究渠道，为学生联系实地调研、参观访问、现场学习的机会，帮助学生实地了解土地和住房政策实施的情况和效果，对课程学习内容进行批判性反思。前期，北京亦庄经济技术开发区探索出台了《亦庄新城工业用地先租后让实施办法（试行）》和《北京经济技术开发区关于加快四大主导产业发展的实施意见》（京技管〔2020〕48 号），提出"创新自然资源资产（土地）供给模式，综合采用弹性出让、共有产权、先租后让等方式供应产业用地"。目前，已有数个供地案例可供调研。在课程开始前后，带领学生赴亦

庄经济技术开发区、怀柔未来科学城等地开展实地调研，与当地一线管理干部进行座谈，请他们为学生讲解《北京市人民政府关于加快科技创新构建高精尖经济结构用地政策的意见（试行）》（京政发〔2017〕39号）、《亦庄新城工业用地先租后让实施办法（试行）》、《关于加快推进北京经济技术开发区和亦庄新城高质量发展的实施意见》（京政发〔2019〕22号）、《北京经济技术开发区关于加快四大主导产业发展的实施意见》（京技管〔2020〕48号）、《北京市自然资源资产产权制度改革方案》等重要政策并介绍执行过程中面临的问题和突出矛盾，帮助学生准确把握政策创新的迫切需求。

3. 政策过程分析与政策创新设计：北京市产业用地弹性供应的实践案例分析

教师将课堂教学与实践性教学紧密结合，提高学生综合分析问题、解决问题和创新的能力。师生从土地科学、城市科学、产业经济学、财政学等不同视角展开多学科交叉协同创新，赴"三城一区"建设实地走访园区管理人员和企业，这让学生对加快构建高质量现代产业体系的指导思想与任务布局有了更加清晰的了解，对习近平生态文明思想、自然资源管理理论有了学以致用、知而行之的体验。

（四）教学过程安排

1. 课堂讨论

（1）土地配置方式创新围绕产业发展升级的事例进行对比讲解。教师引入故事教学法，通过北京、上海、深圳、广州等地20个翔实生动的事例讲解城市更新、产业园区建设中用地企业对土地弹性供应方式的实际需求和地方政府的解决方法，加深学生对于土地要素支持政策在产业发展升级中的功能定位的理解，带领学生了解我国政府自然资源管理部门的决策模式和实际运行方式。

（2）政策历程梳理。教师指导学生利用北大法宝数据库和北京市人民政府网站等渠道，查阅我国国有建设用地使用权配置管理相关政策规定，以及北京市历年建设用地配置管理办法，系统梳理北京市产业用地配置典型案例。

（3）问题及成因剖析。教师引导学生利用所学知识分析北京市"三城一区"建设过程中面临的用地问题，思考重点项目特别是战略新型产业需要降低用地成本、简化用地审批手续、适应产业迭代升级趋势的用地政策需求要点，培养学生关心首都发展、投身政策创新设计的积极性。

2. 实践能力拓展训练

在课程教学中，教师引导学生利用所学的基础知识和分析工具，运用头脑风暴法列出土地弹性供应政策要点矩阵，采用逻辑演绎和归纳方法将政策要点组合成政策问题，以政府视角去思考上述政策问题产生的原因并提出创新性政策解决方案。在形成初步的想法之后，通过小组作业展示和个人陈述，邀请校外政府部门专家担任点评嘉宾，帮助提升学生对于政策设计科学性、规范性的认知能力和政策设计能力。此外，鼓励学生运用实地调研成果参加各类学科竞赛。例如，由教师命题或帮助学生选题，借助课程小论文以及中央财经大学政府管理学院"模拟市长"科研竞赛平台，引导学生深入"三城一区"开展调查、研究，将所学知识转化为正式发表的学术文章以及竞赛成果，以提高学生的成就感，提升学生立足首都、服务首都发展建设的积极性。

五、教学效果

通过引入"故事教学+成就驱动"教学法，经过两轮教学周期的实验和修正，大幅度改善"理论知识多而实践应用少""知识来自政策实践而学生缺乏社会经验基础""教学方式刻板、学生兴趣低迷"等现象，推动课程教学过程实现从"板着脸听"到"笑着学"的转变，学生学习理解过程实现了从"空想"到"设身处地体验"的转变。极大地增强了学生对政策类课程原理、方法的理解和切身感悟，提高了学生对知识的吸收效率。

1. 提升学生关心国家政策、关心首都发展、解决实际问题的能力和积极性

以课堂知识的"故事教学法"夯实学生学习和实践理论方法的基础。教师通过成就驱动型教学法，将学生平常不重视、抵触、应付了事的课程作业，小组作业，个人独立思考转化为参与学科竞赛的选题、学术论文、新闻媒体的正式报道、行业报告，实现学生能力从"死记硬背概念"到"亲力亲为操作"的转变，全方位提升学生公共管理知识的融会贯通能力、观察社会和发现问题的能力、实

地调研和分析思考的能力、成果制作与表达展示的能力。

"故事教学+成果驱动"教学法的突出价值在于鼓励学生"共情思维"和"独立思维"。一方面,通过将土地弹性供应政策实践案例在不失去信息和原意的前提下经过包装加工,运用思维类比、逻辑归纳与演绎,给学生营造身临其境、切身体会政策的学习路径;另一方面,通过训练学生的实践能力,激发学生独立思考的意识,培养学生"独立思维"。

2. 课程评价与学生成绩

教师在课堂教学中,结合党和国家最新政策法规,宣讲党领导下的城乡土地制度改革政策。在学生实践能力训练过程中,不断提升学生关心国家经济社会发展、关心国家土地政策的积极性,厚植爱国情怀。从学生学习成果转化情况来看。近三年来,学生借助本专题教学提供的实践调研机会、成果转化渠道,参加各类科研竞赛、发表学术论文等。获得"挑战杯"学生课外论文竞赛北京市二等奖;获得"大学生创新创业大赛"校级以上立项9项,其中,国家级项目1项,北京市级项目3项;获得其他全国性学科竞赛奖励十余项。发表学术论文9篇,在各类媒体发表文章20余篇。

以下为具有代表性的学生对课程的评价:

学生1:作为政府管理学院的学生,关心国家大事、观察国家政策实践中的具体问题,提出自己的思考既是一种使命,也是专业价值所在。土地是产业发展和科技创新的基础空间载体。老师在课堂上结合国家和北京市在土地配置方式创新方面的最新政策动态,罗列研究思考的选题,设计基本研究内容和思路,以此为依据布置课后作业、案例讨论、小组作业,并在实践教学中以此为方向为学生争取实习、见习、调研的机会。同时,帮助我们将平时的课程作业、小组报告、独立思考转化为学术论文、科研竞赛选题、公开发布的研究报告、新闻媒体正式的实证分析评论文章等,针对不同兴趣爱好、特长、学习程度的学生给予差别化、全覆盖的成果转化机会。这极大地加深了我们对于党和国家土地政策设计的理解,也提高了学生主动参与政策调研、政策设计的积极性,让我们收获满满。

学生2:土地政策是一个非常重要的研究领域,但是教学内容往往是枯燥和乏味的。作为"00后"大学生,平时碎片化的网络新闻、口水化的街谈巷议很容易诱导学生走向思维歧途,而纸上谈兵、高谈阔论的枯燥讲义又难以激发我们的兴趣,这也是我们学习兴趣不高的重要原因。老师在课堂上引入可以类比的寓言故事、可供引鉴的国内外实践案例、相关历史故事,经过归纳、演绎、加工,在确保信息不失真、含义不走样的原则下,将理论知识方法和规律包装成生动、有趣、形象、体验感强的"教学故事",既增强了我们对于政策设计和执行问题的直观体验,也能够帮助我们加深理解、激发我们进一步探索的兴趣。特别是老师对于中国共产党领导的土地制度改革历程在中国革命和国家建设不同历史阶段发挥的作用,以及中国打造制造业强国、维持制造业优势过程中发挥土地政策支撑作用的故事案例讲解,极大地增强了我们对于专业的认同感、对于我们所学知识重要性的认知,让我们感觉到自己专业所承载的责任。

13. 城市更新，让城市更"新"

——城市与区域政策课程思政教学案例

黄志基

一、课程介绍

（一）课程简介

城市与区域政策是城市管理专业的必修课，是以讲授和分析我国城市与区域相关政策为主要内容的一门课程，一般安排在本科大三下学期。城市与区域政策课程以我国政府实施的城市与区域相关政策为主要讲解内容，具有天然的思政元素。如何将党和国家在城市与区域领域的战略、方针和政策生动、深入地传授给学生，并且让学生从内心认同党和国家的战略方针，是本课程思政所要实现的核心任务。

城市更新政策作为城市与区域政策课程的核心模块，是当前我国落实城镇化战略的重要抓手。城市是一个有机生命体，城市发展的全过程是一个不断更新改造的新陈代谢过程。城市更新作为城市自我调节或受外力推动的机制存在于城市发展之中，其主要目的在于防止、阻止和消除城市的衰退，通过结构与功能不断地相适调节，增强城市整体机能，使城市能够不断适应未来社会和经济发展的需

作者简介：黄志基，中央财经大学政府管理学院副教授，城市管理系副主任。研究方向：区域治理、城市更新、土地政策等。

要。城市更新不仅是城市建设行为活动，更是一种城市发展的自我调节机制。城市更新不仅要解决城市经济发展的可持续问题，也需要在更新过程中不断改善人居环境，提高人民幸福感。

（二）教学目标

1. 知识目标

本课程模块从以下三个方面设立知识目标：①掌握城市更新的内涵与国外城市更新实践经验；②理解实施城市更新行动的重要性及其重要作用；③了解城市更新的典型实践：广东省旧城镇、旧厂房、旧村庄改造（以下简称"三旧"改造）。通过这三方面的学习，让学生理解我国城市更新的行动目标。

2. 能力目标

通过课程学习，实现以下能力目标：①树立城市转型发展的空间观念，培养系统思维、整体思维和底线思维；②能结合城市空间发展现状，分析城市问题；③基于城市发展的客观规律，能够科学制定城市规划与实施城市更新工作。

3. 价值目标

通过课程学习，实现以下价值目标：①树立科学的人生观和价值观，培养为人民服务的理想目标；②培养学生的前瞻意识、创新精神和系统思考与观察能力；③培养学生的远大抱负、自强不息、追求卓越的奋斗精神；④增进学生对中国国情和本土城市更新工作进展的认识，树立文化自信和爱国情怀。

二、课程思政元素分析

城市更新行动课程的教学内容与特点，与思政教育有着天然的联系和较高的契合度。实施城市更新行动要求城市经营者、规划者、建设者不仅要具备战略思维、底线思维和创新精神，而且要有强烈的使命感和责任担当精神，将战略思维转化为有效战略实施的能力。针对城市更新行动的特征，该课程的教学设计在传授城市规划与管理专业知识的基础上，重点培养学生的思维能力、使命担当、创新精神、知行合一。

（1）思维能力。战略思维、底线思维、系统思维和整体思维等是观察、思考和处理城市空间现象与问题的科学思维方式。培养和树立科学的思维能力和空间观念是现代城市经营者、规划者、建设者所必须掌握的能力。本课程致力于从新时代城市更新行动中培养和提高学生的思维能力，帮助学生深刻掌握城市发展的客观规律。

（2）使命担当。城市经营者、规划者、建设者的使命体现在城市动态发展的现实过程中，在复杂与多变的现实城市更新过程中，认识并处理好功能、空间与权属等重叠交织的社会与经济关系。城市更新行动与城市规划制定只有在使命和目标的指引下，才能保证敢于直面和破解现实中的难题，走向可持续的城市更新。通过本课程学习，帮助学生树立起城市经营者、规划者、建设者的使命担当意识，为未来的职业发展奠定基础。

（3）创新精神。城市更新作为城市自我调节或受外力推动的机制存在于城市动态发展之中。进入新型城镇化高质量发展阶段后，城市更新的现实背景、历史使命和工作任务与过去相比，无论是更新内涵、外延与目标，还是更新方式、机制以及实际需求，均发生了创新性的变化。本课程从两个方面来强化学生的创新意识与精神：一是新型城镇化时代的到来，对城市更新的内涵、维度与目标等提出了新的要求，需要创新"规划—建设—管理"全周期的城市更新过程，对此本课程增加了城市更新战略理念的理解等教学内容；二是考虑到中国本土实践与国际实践的不同，中国特色社会主义的制度环境和优势，对城市更新实施与规划制定产生了很大的影响，由此本课程在了解英国城市更新实践的基础上深刻认识广东省"三旧"改造相关工作，理解中国城市更新的创新性实践和经验。

（4）社会责任。担当社会责任是当代大学生必须培养的基本素养。本课程所讨论的城市更新实践，具有天然的社会责任属性。城市更新的有效推进，不仅涉及政府管理绩效，而且更为重要的是体现社会责任。社会利益是城市更新必须要考虑的核心要素，尤其是对弱势群体的关注，更体现出城市更新的社会责任。因此，通过城市更新教学，可以为大学生的社会责任培养提供实践素材。

（5）知行合一。"知行合一"是课程教育较重要的目的之一，通过案例教学、情景教学等多种方式的组合运用，实现传授城市更新知识和训练学生实践能力的双重目的。在本课程的教学过程中，教师引入"案例学习"的教学理念，让学生深刻理解广东省"三旧"改造的实施模式，并分析其内在的实施特征。

三、课程思政教学案例设计与实施

（一）案例简介

2021 年 3 月，《中华人民共和国国民经济和社会发展第十四个五年规划和二〇三五年远景目标纲要》首次将城市更新纳入国家五年发展规划，要求加快转变城市发展方式，统筹城市规划建设管理，实施城市更新行动，推动城市空间结构优化和品质提升。城市更新被纳入国家发展战略，是党和政府始终"以人民为中心"、因地制宜开展的战略部署。

自 2008 年《国务院关于促进节约集约用地的通知》发布以来，广东省结合自身发展特点及未来发展需求，以"三旧"改造工作为载体，积极探索存量土地的"二次开发"，在节约集约用地、优化土地资源配置方面成效显著。在十年的实践探索中，广东省一直坚持政策创新驱动，先后出台多项政策文件，为广东省"三旧"改造工作提供了强有力的政策指引与行政保障，推动构建全流程、立体化的城市更新政策网络。广东省"三旧"改造在部分城市初步探索后，经历启动探索、经验总结和推动提升三个时期，从局部试点到全面试点并不断完善配套政策。

（二）案例教学目标

一是以城市更新行动被纳入国家战略为切入点，深入分析国家出台城市更新相关政策的背景、意义、主要措施和价值取向，让学生深入理解城市更新不仅是城市化进程的一个阶段，而且是一项民生工程、人民工程。二是围绕本课程第三部分"'三旧'改造：城市更新在广东省的实践"的教学重点，在深刻理解新时期城市更新内涵的基础上，了解广东省"三旧"改造的实施背景，并对广东省城市更新工作动态和趋势作出精准研判，深入学习广东省"三旧"改造工作的实施模式与特征，并分析改造工作所取得的多方面成效。通过对广东"三旧"

改造工作的学习能够将城市更新战略行动落实到具体工作实践中，将理念与实践相结合，践行知行合一。

（三）案例教学内容设计

本案例的思政元素主要包括战略思维、创新精神和知行合一，结合城市更新实践，将上述思政元素与城市更新行动教学进行有机融合，以此来设计相关的教学内容。

1. 城市更新内涵理解与国外实践

城市更新的概念与实践起源于西方国家。通过对英国城市更新实践历程和相关概念的梳理，指导学生总结出城市更新的国际借鉴经验，引导学生结合中国国情思考中国城市更新的内涵。在引导学生思考之前，教师要主动搜寻关于英国城市更新实践的相关信息，分析城市更新的国际实践、特征与经验以及城市更新相关术语。

2. 城市更新行动上升为国家战略

城市更新行动上升为国家战略是培养"战略思维"能力的绝好素材。在掌握城市更新内涵的基础上，引导学生思考城市更新行动上升为国家战略的内外部因素与环境，明晰城市更新战略上移的背景与重要性，分析城市更新行动作为一项战略性很强的社会系统工程所担负的新目标与新任务。由此帮助学生树立战略思维，从更多维的视角考察城市更新战略的意义。

3. "三旧"改造：城市更新在广东省的实践

理念与实践相结合是公共管理课程较重要的目的之一。广东省"三旧"改造实践为学生提供了真实的更新工作素材，通过创设一定的实践情境，使得学生可以在预设的管理情境中设身处地进行问题分析、模拟决策。这一案例教学方法极大地调动了学生参与讨论的积极性，通过"以学生为中心"式的讨论加深了学生对广东省"三旧"改造实施模式、实施特征以及实施成效的印象，使学生能够做到"从默会知识到显性知识"的有效传递、分享和掌握，同时，教师在教学过程中激发学生的创新思维，做到理论与实践相结合。

（四）教学过程安排

案例教学是以现实中的真实案例为载体，通过情景模拟再现达到实践经验的模拟习得，以弥补理论教学中的短板，为学生提供亲验型学习场景。它可以很好地激发学生兴趣、培养学生思维能力。基于问题导向、议题导向的公共管理案例教学，为学生在有限的课堂时间接触、体验、分析和解决现实世界中的实际问题、复杂事务，提供了"实训室"和训练平台。实践案例可以让学生更深入了解城市更新工作实施模式和运行逻辑，观察并解决城市更新实践过程中可能遇到的现实问题。

1. 主讲教师的开场白

《中华人民共和国国民经济和社会发展第十四个五年规划和二〇三五年远景目标纲要》正式提出实施城市更新行动，城市更新行动上升为国家战略。城市更新的内涵、目标、模式等在实践过程中也发生了深刻的变化，本次讨论主要围绕城市更新行动展开，学习城市更新的内涵、战略意义以及广东省"三旧"改造实践工作。

2. 课程的具体组织实施

（1）城市更新的内涵与国外实践。教师重点讲述城市更新内涵在国际和国内的相关表述，并进一步以英国城市更新发展历程为例，分析国外城市更新的实践历程和特征。

（2）城市更新行动上升为国家战略。教师重点讲述城市更新行动上升为国家战略，以及上升为国家战略的背景、意义、未来的目标与任务等，核心内容是让学生认识到城市更新在我国未来城镇化过程中的重要作用。重点内容：2022年3月《中华人民共和国国民经济和社会发展第十四个五年规划和二〇三五年远景目标纲要》正式提出实施城市更新行动。城市更新行动上升为国家战略不是偶然的事件，而是我国城镇化发展到一定阶段，以及国家新发展格局所需求的战略支撑。城市更新行动是适应城市发展新形势、推动城市高质量发展的必然要求，是推动城市开发建设方式转型、促进经济发展方式转变的有效途径，是坚定实施扩大内需战略、构建新发展格局的重要路径，是推动解决城市发展中的突出问题和短板，提升人民群众获得感、幸福感、安全感的重大举措。教师进一步讲解城市更新行动的目标与任务，让学生加深对城市更新行动战略的认识。

（3）"三旧"改造：城市更新在广东省的实践。第一，讲解"三旧"改造实施的背景：外生动力包括开发强度已经达到警戒线、自上而下的指标管控；内生动力包括改革开放以来所经历的独特的工业化和城镇化模式；因快速发展积累了大量内部矛盾和社会问题。我们对广东省城镇化发展的基本判断是广东省珠三角地区已经进入从城市扩张到城市更新的发展转型。第二，讲解"三旧"改造的实施模式：广东省政府统筹推进。广东省政府分别于 2009 年、2016 年、2018 年和 2020 年出台相关文件，有效推进了"三旧"改造实践。第三，总结出"三旧"改造实践的 8 个基本特征：以单元规划为核心，创新规划衔接机制，构建多层次的规划管控体系；以放活市场为导向，鼓励多元主体参与，形成多样的模式路径选择；以多方共赢为原则，创新收益分配机制，实现利益共享新格局；以品质提升为目标，公共产品多元供给，完善城市公配设施；以土地整合为抓手，推进成片连片开发，实现片区利益统筹；以产业升级为重点，充分释放政策红利，激发实体经济新活力；以简政放权为保障，提升项目审批效率，全面优化营商环境；以公开透明为原则，加强项目实施监管，优化全程监管机制。第四，简要介绍"三旧"改造的实施成效。包括：提高了土地利用效率；完善了配套设施，提升了生活品质；促进了产业转型，拉动了经济发展；保护历史文化遗产，传承岭南历史文脉。在讲解广东省"三旧"改造过程中，将引入两个典型案例加以分析：一个为旧城镇改造案例，选取习近平总书记亲自考察过的广州市永庆坊改造案例，深入讲解习近平总书记在考察过程中的讲话精神，使学生能够在案例中汲取党和政府政策的精华；另一个为旧厂房改造案例，选取佛山市瀚天科技城改造案例，深入讲解地方如何创新性地推动政策实施，将一个村级工业园改造成一座现代科技城。

专栏 1

旧城镇改造案例：广州永庆坊

2018 年 10 月 24 日下午，习近平总书记在永庆坊视察时强调，"城市规划和建设要高度重视历史文化保护，不急功近利，不大拆大建。要突出地方特色，注重人居环境改善，更多采用微改造这种'绣花'功夫，注重文明传承、文化延续，让城市留下记忆，让人们记住乡愁"。永庆片区微改造在改造模式上是一次创新，通过政府与市场合作创造性地践行了"BOT+微改造"模式，探索采取出售文化保护建筑使用权或产权的方法，引进社会资金建立保护历史文化建筑的新机制，实现了"政府主导、企业承办、居民参与"的三方合作共赢效果。

1. 改造前面貌

恩宁路是广东省广州市危旧房较集中的区域之一，永庆片区位于恩宁路中段，邻近粤剧艺术博物馆。永庆片区内仍存在 43 栋批而未拆的房屋，其中，有 30 栋经鉴定为严重损坏房屋，需要尽快修缮。

2. 改造做法

项目改造主体为广州市荔湾区城市更新局及其下属事业单位荔湾区旧城改造项目中心、广州市万科房地产有限公司。改造采用政府与市场合作的"BOT+微改造"模式，前期房屋征收阶段由政府投入资金，后期微改造及运营阶段以整体打包方式承包给中标企业，企业负责全部资金投入及后期运营管理，15 年期满后交由政府，通过政府与市场合作创造性地践行了微改造模式。

3. 改造成效

（1）改造定位。打造成集众创办公、教育营地、长租公寓、生活配套于一体的"创客小镇"，打造吸引年轻人前来的创业创新集聚地。

（2）文化保护。改造项目遵循"修旧如旧，建新和谐；交通梳理，肌理抽疏；文保专修，资源活化"的原则对旧城镇进行更新改造，以历史文化保护为主要目的对周边环境进行整治。在房屋修葺上基本保持原有建筑的外轮廓不变，对其建筑立面进行更新、保护与整饰，强化岭南建筑整体风貌特色，保留岭南传统民居的空间肌理特点。

改造前

改造后

改造前

改造后

资料来源：广东省旧城镇旧厂房旧村庄改造协会。

专栏 2

旧厂房改造案例：瀚天科技城

瀚天科技城是"三旧"改造及城市更新的成功案例，也是佛山市南海区城乡产业融合的典范。通过政府统筹、联合共建、企业化运作的方式进行园区开发，实现了农村土地利用集约化，带动了城乡产业提升、环境再造、区域增值和城乡一体化。

1. 改造前面貌

"三旧"改造前，瀚天科技城所在的地块，还是一片零乱的废旧钢铁市场及低矮平房，建筑面积高达70%，容积率却不到0.5。改造前，这片将近500亩的土地年产值不足1亿元，税收不足200万元。

2. 改造做法

瀚天科技城改造启动后，通过村集体出租土地，政府承租，引入社会资本的方式对原来的废旧钢铁市场进行改造。政府、社会资本以租金分红的方式将利益补偿给村集体和村民，租期届满之后，土地上所有物业归村民所有，实现了政府、投资商和村民三方共赢的局面，通过"村出土地，政府、社会资本多元化投资"，园区一体化合作的特色孵化器发展之路。公有资本的参与，大大增强了投资者和入孵企业的信心，提升了市场竞争力；公司化的运营模式促证了管理的独立性，降低了投资风险，提高了孵化效率；而三方的相互结合则确保了资本的正常运作，同时也彰显了各自的优势和特色。

改造前

改造后

改造前

改造后

3. 改造成效

（1）城市改貌。瀚天科技城已然成为"国家级科技企业孵化器""国家环境服务业华南聚集区核心区"，栋栋高楼拔地而起。园区西边的"一环"东涌活水工程，自东平河引活水沿"一环"延伸至千灯湖，水道长约10千米，沿途水清岸绿、鸟语花香。

（2）产业更新。目前，瀚天科技城主要以大数据互联科技型企业、节能环保企业、前沿科技企业及电商、科技服务企业为主。

（3）经济增益。瀚天科技城的租金已由原来的个位数提升到目前均价30元/平方米，园区实现总产值约60亿元，税收约2亿元，并吸纳中高端人才约8000人，经济发展态势良好，有力推动着地方税收的稳步增长。

资料来源：广东省旧城镇旧厂房旧村庄改造协会。

3. 课堂互动与讨论

城市更新行动已经上升为国家战略，是城镇化发展的新阶段。教师首先以城市更新与国外实践指导学生对城市更新内涵的理解，引导学生对城市更新内涵是否仅包括物质层面展开讨论；其次指导学生围绕城市更新行动上升为国家战略展开讨论，重点关注城市更新在我国未来城镇化过程中发挥的重要作用，从而加深对城市更新行动战略的认识。

四、课堂教学反思

本课程采用案例教学等方法，激发学生学习和了解城市更新行动的兴趣，在传授城市更新知识的同时，通过分析典型案例，强化对城市更新工作的实施模式与实施成效的认识，让学生深入理解国家的战略部署；通过授课老师的引导，将城市更新理念与城市更新行动进行了高度融合，学生在学习课程知识的同时，也掌握了更新理念、价值与目标等。通过本课程的思政教学案例，以下三点启发可供参考：

一是课程思政教学要与党和国家的战略部署结合起来，在讲授课程知识点的同时，讲解清楚党和国家的战略部署。课程思政教学需要找到合适的切入口，才能达到预期目标。

二是注重潜移默化。课程思政教学不是一个生搬硬套的过程，不是将课程知识点与思政元素强制联系的过程，而是将思政元素以潜移默化的形式融入课程知识点，达到"润物细无声"的效果。

三是注重教学方法。案例教学能够生动展示课程知识点，尤其是以正在发生的案例作为题材，能够让学生领悟课程思政。

14. "一带一路"倡议背景下的新时期中国多边外交

——当代中国外交课程思政教学案例

张　鹏

当今世界正经历百年未有之大变局，中国与世界的关系正经历复杂而深刻的变化，国际金融危机的深层次影响持续显现，世界经济缓慢复苏分化，国际投资贸易格局和多边投资规则酝酿深刻调整，各国面临的发展问题依然严峻。我国正处于全新的重要战略机遇期，经济社会发展的总体环境向好，但也面临大国竞合关系制约、全球治理瓶颈突出等困难与挑战。2021年11月19日，习近平主席在出席第三次"一带一路"建设座谈会时强调，"我们要保持战略定力，抓住战略机遇，统筹发展和安全、统筹国内和国际、统筹合作和斗争、统筹存量和增量、统筹整体和重点，积极应对挑战，趋利避害，奋勇前进"。①

一、课程概况

（一）课程简介

作为国际政治学、国际关系学、外交学的核心基础课程，以及近年来备受高

作者简介：张鹏，中央财经大学副教授，政府管理学院党委委员，国际政治系教工党支部书记。研究方向：公共外交、发展援助、区域治理等。

① 习近平出席第三次"一带一路"建设座谈会并发表重要讲话［EB/OL］．（2021-11-19）．http：//www.gov.cn/xinwen/2021-11/19/content_5652067.htm.

校师生关注的热门通识课程，当代中国外交课程重点聚焦中华人民共和国通过和平方式，为捍卫国家利益、维护世界和平、促进共同发展所进行的国家间官方和非官方往来活动。教学内容主要涉及相关理论、理念、方针、原则、政策、实践，课程建设以"一体"（课堂教学创新）和"两翼"（素材案例挖掘和实践能力强化）为关键支撑。

党的十八大以来，新时代中国特色大国外交积极顺应世界多极化、经济全球化、文化多样化、社会信息化潮流，立足于推动建设相互尊重、公平正义、合作共赢的新型国际关系，倡导共同、综合、合作、可持续的新安全观，推动构建人类命运共同体。党的二十大报告明确指出："我们全面推进中国特色大国外交，推动构建人类命运共同体，坚定维护国际公平正义，倡导践行真正的多边主义，旗帜鲜明反对一切霸权主义和强权政治，毫不动摇反对任何单边主义、保护主义、霸凌行径。我们完善外交总体布局，积极建设覆盖全球的伙伴关系网络，推动构建新型国际关系。"① 作为新时代中国对外开放的重要倡议与重大举措，"一带一路"倡议更是彰显了人类社会的共同理想和美好追求，成为超越传统国际合作模式的全新有益探索，以及深受欢迎的国际公共产品和国际合作平台。

（二）教学目标

1. 知识目标

通过本课程的讲授、学习、互动、反馈，努力使学生能够较为科学地、系统地、全面地、深入地理解中国特色大国外交事业的基本格局、主要脉络、重要原则、核心理念，对于当今中国和世界关系互动中的热点、重点、难点加以解释、归纳和反思，努力为学生构建全球治理知识结构奠定坚实基础，帮助学生树立积极向上的理想人格、民族精神和家国情怀。

---

① 高举中国特色社会主义伟大旗帜　为全面建设社会主义现代化国家而团结奋斗——在中国共产党第二十次全国代表大会上的报告［EB/OL］.（2022-10-25）. https：//baijiahao. baidu. com/s？id=1747667408886218643.

2. 能力目标

紧密围绕"培养什么样的人、如何培养人以及为谁培养人"[1] 这一根本问题，密切关注"一带一路"倡议背景下国家经济社会发展需求，牢牢把握学校和学院"双一流"建设工作实际，努力提升讲好全方位、多层次、宽领域、立体化对外开放"中国故事"的跨文化交流能力、国际传播能力和话语建构能力，面对海量舆情信息不断强化甄别筛选能力和理性思维能力，为财经高校参与"一带一路"倡议提供教育支持、智力支撑和人才保障。

3. 价值目标

从人类社会文明发展的历史逻辑来看，中华民族传统的哲学精华和政治智慧在唯物史观的指引下实现了转化与更新，中国"一带一路"倡议不仅为新时代国家培养更多通晓古今、熟知世界、融通中外的复合型人才提供了鲜活素材，而且为新时期的世界文明对话和文明互鉴提供了宝贵的思想贡献，理应通过"润物细无声"式的课程思政化探索帮助学生树立高度的文化自觉和文化自信。

二、课程思政元素

课程思政是将立德树人作为教育的根本任务的一种综合教育理念[2]，中国多边外交和"一带一路"倡议教学案例中蕴涵着丰富的思政元素和德育资源，具体可由以下"四观"切入进行课程思政化探索：

第一，国际权力和全球道义观。中国多边外交理念和"一带一路"倡议在本质上蕴藏着协调国家间权力利益、维护区域和平乃至彰显全球道义的中国智慧。

第二，传统安全观和新安全观。中国多边外交理念和"一带一路"倡议充分体现出中国新安全观所富有的鲜明时代性，特别是在应对新时期沿线地区和国家普遍面临的非传统安全挑战方面所具备的典型创新性。

---

① 习近平在全国高校思想政治工作会议上强调把思想政治工作贯穿教育教学全过程 开创我国高等教育事业发展新局面 [N]. 人民日报，2016-12-09 (01).

② 刘建军. 课程思政：内涵、特点与路径 [J]. 教育研究，2020，41 (9)：28-33.

第三，丛林法则与合作共赢观。中国多边外交理念和"一带一路"倡议不仅回应了中华民族从站起来、富起来到强起来的时代脉搏，而且对于促进世界合作共赢、推动构建人类命运共同体有重要的时代价值。

第四，文明冲突与文明共存观。中国多边外交理念和"一带一路"倡议折射出中国式"世界主义"的文明共融性，这种"天下观"对国家内外和谐的向往是中华民族自古至今的理想主义追求。

三、设计思路

（一）教学内容

"一带一路"倡议的提出和推进，标志着中国多边外交和对外开放事业已经发展到一个新的历史阶段。近年来，"一带一路"从愿景到现实，正朝着和平、繁荣、开放、绿色、创新、文明的方向不断走深走实，结出丰硕成果。① 本课程案例将"一带一路"置于全球体系、区域秩序和国家对外开放总战略的交互坐标当中，力图完整展示"一带一路"倡议对中国特色多边外交理念与实践的继承和超越。

与此同时，由于和世界的关系空前紧密，我国将在更大范围、更广领域、更高层次上参与全球交往、合作与竞争，"一带一路"倡议涵盖沿线众多国家和地区，覆盖经济、政治、文化、社会、生态等多个层面，涉及政府、企业、社会组织、公众及个人等多元主体，但外部因素对于国内大局影响的不确定性也在增加，以上变化均要求我们不断提升自身国际传播能力和应对全球突出问题的治理能力。

（二）教学方法与手段

当代中国外交所取得的一系列理论成果和实践成就与马克思主义国际政治和外交理论存在着一脉相承的源流关系，本教学案例以马克思主义唯物史观和辩证法为指导，聚焦中国多边外交与"一带一路"倡议的相互关联、主要角色、重

---

① 在第三届中国国际进口博览会开幕式上的主旨演讲［N］．人民日报，2020-11-05（002）．

大事件、关键项目、国际反响等。

　　针对"00后"思维活跃、意识自主、表达欲强等特点，本教学案例通过知识迁移、文献阅读、任务驱动、合作探究等多元方法运用，尝试形成问题链，驱动学生进行发散思维，将全球视野、家国情怀、民族自信、理性精神、法治意识、职业道德、诚信教育等思政元素融入专业课程，自主构建知识体系，突出人文关怀和育人功能，持续提升学生自主发现问题、分析问题和解决问题的能力。

四、教学案例

（一）案例素材简介

　　丝绸之路起始于古代中国，是连接亚洲、非洲和欧洲的古代陆上商业贸易路线，最初作用为运输古代中国出产的丝绸、瓷器等商品，后来逐渐成为东方与西方在经济、政治、文化等诸多方面进行交流的主要道路。

　　2013年9月和10月习近平主席在出访中亚和东南亚期间，分别提出建设"丝绸之路经济带"和"21世纪海上丝绸之路"的合作倡议，随即引发了国际社会的高度关注和积极回应。

　　作为和平、繁荣、开放、创新、文明之路，"一带一路"相关国家基于但不限于古代丝绸之路的范围，各国和国际、地区组织均可参与。"一带一路"建设秉承共商、共享、共建原则，"和平合作、开放包容、互学互鉴、互利共赢"的丝路精神成为人类共有的历史财富。

（二）案例教学目标

　　本案例以中央财经大学"国际组织与全球治理"人才培养工程的建设契机，积极依托"京津冀模拟联合国"和"全国高校模拟市长大赛"两大学生品牌实践活动，尝试将思政课程资源与专业课堂教学相互内嵌，主动聚焦"一带一路"重大理论和现实问题，力求使学生理解"一带一路"倡议对于中国多边外交和总体布局的继承创新，引导其将个人发展和社会进步、国家战略紧密结合，帮助其树立讲好中国故事、弘扬中国精神的远大抱负，努力成为兼具全球视野和家国情怀的高端复合型人才。

（三）案例教学内容设计

1. "两个大局""两种资源"

在课堂上，教师播放《大国崛起》和《世界历史》等纪录片片段，通过纵向对比使学生了解"一带一路"贯穿亚欧非大陆，一头是活跃的东亚经济圈，一头是发达的欧洲经济圈，中间广大腹地国家和地区经济发展潜力巨大。其中，"丝绸之路经济带"重点畅通中国经中亚、俄罗斯至欧洲（波罗的海）；中国经中亚、西亚至波斯湾、地中海；中国至东南亚、南亚、印度洋。而"21 世纪海上丝绸之路"重点方向是从中国沿海港口过南海到印度洋，延伸至欧洲；从中国沿海港口过南海到南太平洋。

通过知识迁移使学生认识到，"一带一路"倡议还与我国的新发展理念息息相关。其中，"丝绸之路经济带"的辐射效应便涉及新疆、重庆、陕西、甘肃、宁夏、青海、内蒙古、黑龙江、吉林、辽宁、广西、云南、西藏 13 个省（自治区、直辖市），"21 世纪海上丝绸之路"更是直接圈定了上海、福建、广东、浙江、海南 5 个省（直辖市）。

2. "开放之路""和平之路"

通过导读集体学习习近平总书记关于"一带一路"的相关讲话精神，使学生理解"一带一路"是开放性、包容性区域合作倡议，而非排他性、封闭性的中国"小圈子"；"一带一路"是务实合作平台，而非中国的地缘政治工具。相关宣言与合作文件当中明确体现出，各国是平等的参与者、贡献者、受益者，各施所长、各尽所能，通过加强相关国家间的全方位和多层面交流合作，努力寻求利益契合点和合作最大公约数，充分发挥各国的发展潜力与比较优势，彼此形成互利共赢的区域利益共同体、命运共同体和责任共同体。

通过与北约组织（NATO）和"五眼联盟"（FVEY）等传统地缘政治集团的对比分析，引导学生认识"一带一路"倡议在本质上具有的平等性、和平性特征。其中，平等是中国所坚持的重要国际准则，也是"一带一路"建设的关键基础。只有建立在平等基础上的合作才能是持久的合作，也才会是互利的合作。"一带一路"平等包容的合作特征为其推进减轻了阻力，提升了共建效率，有助于国际合作真正"落地生根"。同时,"一带一路"建设离不开和平安宁的国际环境,和平是"一带一路"建设的本质属性,也是保障其顺利推进所不可或缺的重要因素。以上共同决定了"一带一路"倡议不应该也不可能沦为大国政治较量的工具,更不会重复地缘博弈的老套路。

3. "繁荣之路"

通过将"一带一路"为代表的多边治理模式与国际经济合作、地区一体化等传统路径进行比较教学,努力使学生了解:"一带一路"倡议通过加强交通、能源和网络等基础设施的互联互通建设,旨在促进经济要素有序自由流动、资源高效配置和市场深度融合,推动沿线各国实现经济政策协调,共同打造开放、包容、均衡、普惠的区域经济合作架构,进而开展更大范围、更高水平、更深层次的区域间和跨区域合作,以此来重点解决产能合作、金融投资、自贸区建设、海外并购、跨境电商、人民币国际化、全球价值链构建等众多领域的经济增长和平衡问题。

根据"一带一路"走向,陆上依托国际大通道,以沿线中心城市为支撑,以重点经贸产业园区为平台,共同打造"新亚欧大陆桥""中蒙俄经济走廊""中印缅经济走廊""中国—中南半岛经济走廊";海上则以重点港口为节点,共同建设通畅、安全、高效的运输大通道。就此而言,"丝绸之路经济带"构想涵盖东南亚和东北亚次区域经济整合,最终融合在一起通向欧洲,形成欧亚大陆经济整合的大趋势;"21世纪海上丝绸之路经济带"构想则从海上联通欧亚非三个大陆和"丝绸之路经济带"战略形成一个海上、陆地的闭环。

专栏

"一带一路"的市场原则和标志项目

"一带一路"建设是在双边或多边联动基础上通过具体项目加以推进的,是在进行充分政策沟通、战略对接以及市场运作后形成的发展倡议与规划,其遵循市场规律和国际通行规则，充分发挥市场在资源配置中的决定性作用和各类企业的主体作用。2019年4月，第二届《"一带一路"国际合作高峰论坛圆桌峰会联合公报》明确强调了"市场原则"，即充分认识市场作用和企业主体地位，确保政府发挥适当作用，政府采购程序应遵循开放、透明、非歧视等基本原则。由此可见，"一带一路"建设的核心主体与支撑力量并不在政府而是在企业，根本方法是遵循市场规律，并通过市场化运作模式来实现各参与方的利益诉求，政府主要在其中发挥构建平台、创立机制、政策引导等指向性、服务性功能。

作为新亚欧大陆桥经济走廊建设成果之一，中哈（连云港）物流合作基地初步实现了深水大港、远洋干线、中欧班列、物流场站的无缝对接。该项目与哈萨克斯坦"光明之路"发展战略高度契合，哈萨克斯坦"光明道路"党主席佩鲁阿舍夫表示，在与"光明之路"新经济政策的对接中，"一带一路"倡议有效推动了哈萨克斯坦乃至整个中亚地区的经济发展，为各国在经济、文化等领域的合作开辟了广阔空间，创造了更多机遇。

资料来源：www.gbpxw.com.cn。

4. "创新之路""文明之路"

"一带一路"倡议为全球可持续发展增添了新动力和新平台。"一带一路"涵盖发展中国家与发达国家，实现了"南南合作"与"南北合作"的统一，有助于推动全球均衡可持续发展。"一带一路"以基础设施建设为着眼点，促进经济要素有序自由流动，推动中国与相关国家的宏观政策协调。不仅如此，"一带一路"倡议的理念和方向，同联合国《2030年可持续发展议程》高度契合，完全能够加强对接，实现相互促进。联合国秘书长古特雷斯表示，"一带一路"倡议与《2030年可持续发展议程》都以可持续发展为目标，都试图提供机会、全球公共产品和双赢合作，都致力于深化国家和区域间的联系。

"一带一路"倡议为全球治理进程提供了新路径与新方向。当今世界，经济增长乏力、动能不足，金融危机的影响仍在发酵，"黑天鹅"事件频出，贸易保护主义倾向抬头，"逆全球化"思潮涌动，地区动荡持续，恐怖主义蔓延肆虐……和平赤字、发展赤字、安全赤字、治理赤字的严峻挑战正摆在全人类面前，这充分说明现有的全球治理体系出现了结构性问题，亟须找到新的破题之策与应对方略。作为一个新兴大国，中国有能力、有意愿也有责任为完善全球治理体系贡献智慧与力量。构建人类命运共同体便是中国提出的全球治理新方案，而"一带一路"正是朝着这个目标努力的新实践。正是本着这样的原则与理念，"一带一路"针对各国发展的现实问题和全体治理的体系短板，创立了亚洲基础设施投资银行（AIIB）、金砖国家新开发银行（NDB）、丝路基金（Silk Road Fund）等新型国际机制，构建了多形式、多领域、多渠道的交流合作平台，这既能缓解当今全球治理机制代表性、有效性、及时性难以适应现实需求的困境，并在一定程度上扭转公共产品供应不足的局面，又能满足发展中国家变革全球治理机制的现实诉求，大大增强了新兴市场国家的话语权，是推进全球治理体系朝着更加公正合理方向发展的重大突破。

"一带一路"倡议为全球人文交流合作铺就了新道路和新桥梁。"一带一路"跨越不同区域、不同文化、不同宗教信仰，但其倡导文明宽容，尊重各国发展道路和模式的选择，加强不同文明之间的交流借鉴，求同存异、兼容并蓄、和平共处、共生共荣。"一带一路"在推进基础设施建设，加强产能合作与发展战略对接的同时，也将"民心相通"作为工作重心之一。通过弘扬丝绸之路精神，开展"智力丝绸之路""健康丝绸之路"等建设，在科学、教育、文化、卫生、民间交往等各领域广泛开展合作，其民意基础更为坚实，社会根基更加牢固。因而，"一带一路"倡议和建设就是要以文明交流超越文明隔阂、文明互鉴超越文明冲突、文明共存超越文明优越，为不同文化和文明加强对话、交流互鉴织就了新的纽带，着力推动各国民众相互理解、相互尊重、相互信任。

（四）教学过程安排

1. 议题导入

在前期学生查阅资料和独立思考的基础上，围绕什么是古代"丝绸之路"、什么是"一带一路"、为何要建设"一带一路"等核心问题，主讲教师进行基本知识传授，告知学生课程架构、资料来源和学习方法。

2. 独立探索

充分发挥学生的主体作用，使学生在教师的引导下进行主动思考，在重点目标和核心任务的驱动下，围绕"一带一路"倡议提出的重大意义和原则内涵，组织学生检索文献、阅读资料、独立思考，揭示"一带一路"倡议相较于传统地缘政治同盟的本质差异。

3. 小组交流

由教师组织各小组推选的发言人登台陈述，就"一带一路"高峰论坛、亚洲基础设施开发银行、中国进出口博览会等热点专题设置集体讨论，同时聚焦"一带一路"倡议实施的标杆项目和重点领域，特别是其对于传统国际经济合作的超越。

4. 讲评提升

围绕"一带一路"倡议实施的现实价值和深远影响，主讲教师进行阶段性点评和小结，针对各组的观点、方法和视角等加以对比梳理，并对成员在互动中的表现进行客观点评，课后学生要继续深化对于学习内容的理解和思考，力争形成专业实践和课题研究等方面的相关成果（见图1）。

五、教学效果

首先，教师在阐述"一带一路"倡议的缘起和推进等问题时，有意识地引导学生关注中国改革开放和加入世界贸易组织的发展历程，用鲜活的历史细节教育学生理解我国社会主义制度的优越性，由此强化学生对祖国的政治忠诚和文化认同。

其次，教师对学生进行思想意识和品格教育，使其深刻领悟中国反对贸易保护、坚持合作共赢的坚强决心和大国风范，积极培育学生强化的大国自豪感、强国意识感、时代责任感与国际使命感。

再次，通过项目案例分析对学生进行价值引领，使其深刻认识到涉外实践过程中必须坚守的契约精神和诚信至上等理念，提升学生的传统文化自信和文化自

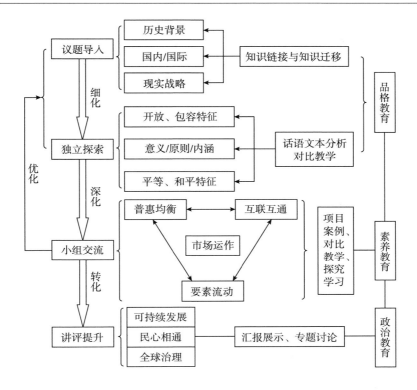

图 1 课程的教学安排

觉意识，树立高度责任心和责任感，培养涉外职业道德修养。

最后，鉴于新时期中国在全面"走出去"过程中面临的各种风险，在教学过程中应引导学生分析归纳各类涉外风险的种类、成因、影响和对策，培养学生树立"外交无小事"的政治意识和法治意识，以期在学习和实践中逐步塑造细致谨慎、灵活变通、未雨绸缪、居安思危的业务素养。

参考文献

［1］李晓，李俊久．"一带一路"与中国地缘政治经济战略的重构［J］．世界经济与政治，2015（10）：30-59+156-157．

［2］吴建民．"G20 与中国"：中国特色大国外交与"一带一路"［M］．北

京：外文出版社，2016.

［3］刘卫东，田锦尘，欧晓理．"一带一路"战略研究［M］．北京：商务印书馆，2017.

［4］尹承德．"一带一路"与中国外交［J］．纵横，2017（6）：10-13.

［5］韩保江，项松林．"一带一路"倡议的政治经济学分析［J］．经济研究参考，2017（10）：7-33+84.

［6］黄河，戴丽婷．"一带一路"公共产品与中国特色大国外交［J］．太平洋学报，2018，26（8）：50-61.

［7］沈壮海．在思想政治工作体系中理解和推进课程思政［J］．教育研究，2020，41（9）：19-23.

［8］李慧玲，孟亚．课程思政：回归"铸魂育人"价值本源［J］．理论导刊，2020（10）：114-119.

15. 全球经济治理中的中国方案与贡献

——全球经济治理概论课程思政教学案例

辛 平

一、全球经济治理概论课程介绍

(一) 课程简介

全球经济治理概论课程讲授和探讨全球经济治理及其主要议题领域的背景、现状、挑战和对策以及中国在其中的角色、方案、贡献，教学内容共有八讲，分别为全球经济治理导论、全球贸易治理、全球投资治理、全球金融治理、全球知识产权治理、全球气候治理、全球能源治理和全球发展治理。全球经济治理概论既是国际政治专业本科生的专业拓展课，也是一门面向全校本科学生的通识选修课。本课程对于培养具备全球胜任力、家国情怀的国际组织人才和其他高素质复合型涉外人才，具有重要的现实意义和不可忽视的基础性作用。

(二) 教学目标

1. 知识目标

通过本课程的学习，学生能掌握如下知识点：

（1）全球经济和主要议题领域内及中国在其中的发展现状、问题与治理

作者简介：辛平，中央财经大学政府管理学院讲师。研究方向：国际政治经济学、全球经济治理等。

需求。

（2）全球经济治理和其主要议题领域内的行为体组成、权力格局、制度结构和议题设置的历史演化。

（3）当前全球经济治理整体和其主要议题领域内的主要挑战、议程及各类主要行为体的诉求、策略和行动。

2. 能力目标

通过本课程的学习，学生能获得以下能力：

（1）树立观察和思考全球经济治理的全局观、系统观和大局观，培养国际经济相关决策和行动的战略思维和动态思维。

（2）能收集筛选出一部分真实、有效的信息，总结出全球经济治理某一议题的主要成就和问题，综合运用跨学科知识分析出主要成因，能站在中国政府、企业或社会组织的立场上提出应对全球经济治理领域某一挑战的具有可行性和有效性的对策。

（3）能在模拟国际组织或会议上，作为某一方代表阐述立场。

（4）独立完成一篇 2000～3000 字的探讨全球经济治理某一议题的学术论文或全球经济治理相关时事的国际评论。

3. 价值目标

（1）拓展学生的全球视野、深化国际理解，坚定树立人类命运共同体理念和共商共建共享全球治理观。

（2）厚植学生的家国情怀，增强文化自信，树牢"五位一体"的总体布局和统筹发展及总体国家安全观。

（3）激发学生的探索兴趣，崇尚守正创新，树立肩负使命、实事求是、追求卓越的人生观。

二、全球经济治理概论课程思政元素

全球经济治理概论课程包含大量的思政元素，在知识讲授、能力培养和价值塑造的三个维度上与思政教育有很高的契合度，呈内生的、结构性的、鲜明浓郁的课程思政属性。

（一）知识讲授与思政元素

全球经济治理概论是一门聚焦经济领域内的当代全球治理实践内容的课程，当今的全球经济治理实践是思政元素储量充沛的"露天富矿"。

后金融危机时代，中国站在全球经济治理舞台的中央，相关主张和行为受到全球瞩目。中国对全球经济治理的参与，即运用的中国智慧、倡议的中国方案和做出的中国贡献，在全球经济治理中既是引人注目的部分，也是最具活力和创新性的部分。任何对全球经济治理的全面描述、分析和评价，如果没有对中国全球经济治理角色和行动给予足够的关注，都是名不副实、有严重缺失的。

中国对全球经济治理的参与，是对国家战略决策的执行，是中国特色社会主义理论特别是习近平新时代中国特色社会主义思想在全球经济治理实践中的应用。可以说，如果当下的全球经济治理概论课抛开中国共产党和政府有关全球经济治理的理论思想，就无法成为一门结构完整、内容真实的课程。

真实、系统和深入挖掘中国在思想和行动两个层面对全球经济治理的参与，将其引入和呈现在课堂知识讲授、讨论和课后作业等的安排中，既是应有的专业知识教育，也是自然而然的思政教育。全球经济治理概论课的知识讲授，通过饱含思政元素的理论知识及其实践应用与思政教育相契合。

（二）能力培养与思政元素

全球经济治理概论课在培养学生对当今全球经济治理的观察感知能力、分析理解能力、权衡选择能力的过程中，不可避免地系统运用了大量的思政元素。

在技术、经济和社会不断演进的系统环境中，全球经济治理的外延不断拓展，各个组成部分融合联动；全球经济治理作为全球治理的核心部分之一，与全球治理的其他部分互相建构。学生若想如实观察全球经济治理相关事实和数据，感知全球经济治理相关诉求和评价，分析全球经济治理相关架构和博弈，理解全球经济治理相关成就和挑战，理性权衡全球经济治理相关利弊和得失，选择全球经济治理相关方案和投入，必然要在一定程度上被动或主动地接触、学习、运用和内化全局观、系统观、大局观，以及战略思维和动态思维。

党的十八大以来，党中央坚持系统谋划、统筹推进党和国家各项事业，根据新的实践需要，形成一系列新布局和新方略，带领全党全国各族人民取得了历史性成就。在这个过程中，系统观念是具有基础性的思想和工作方法。①

本课程通过讲授、讨论、作业和模拟体验的教学设计，让学生了解学习、运用党和政府处理与全球经济治理相关国内外事务的主张与行动中所体现的全局观、系统观、大局观，以及战略思维和动态思维。本课程的能力培养，通过富含思政元素的认识论和方法论与思政教育相契合。

（三）价值塑造与思政元素

基于在知识传授和能力培养上天然地包含有充裕思政元素的内在特点，全球经济治理概论课能够旗帜鲜明且自然有力地发挥价值引领功能。全球经济治理概论课的价值塑造，通过饱含思政元素的价值理念和精神追求与思政教育相契合。

了解全球经济治理赤字的现状，可以自然地增加学生对全球时事的关注；追溯全球经济治理赤字的成因，可以自然地推进学生对国际问题的理解；在此基础上，对作为解决问题愿景和方法的人类命运共同体理念和共商共建共享全球治理观的探讨和思考，可以让学生自然地坚定树立人类命运共同体理念和共商共建共享全球治理观。

考察中国在全球经济治理中由接受者、追随者向引领者、建设者的巨大转变，总结全球经济治理中的中国智慧、中国方案和中国贡献及各方评价和反馈，可以自然地涵养家国情怀、长育文化自信；在此基础上，对凝聚中国智慧、应对经济发展问题并与中国方案密切关联的"五位一体"总体布局和总体国家安全观的探讨和思考，可以让学生自然地树牢"五位一体"总体布局和总体国家安全观。

教师讲解全球经济治理对世界、国家、企业乃至个人的重要意义和百年未有之大变局下的不确定性，可以自然地导引学生的探索兴趣；介绍全球经济治理的曲折历史、成果与挑战，可以自然地激励学生守正创新；分享中国、国家领导人及各界优秀人物在全球经济治理中的担当，可以自然地鼓舞学生树立肩负使命、

---

① 刘军．系统观念是具有基础性的思想和工作方法［N］．人民日报，2022-05-23（9）.

实事求是、追求卓越的人生观（见表1）。

表1 全球经济治理概论课的思政元素分析

人才培养维度	主要思政元素	与思政教育的契合点	教学安排
知识传授	全球经济治理理论，党和国家的相关政策方针，中国智慧、中国方案、中国贡献	理论知识及其实践应用	讲授、讨论、课后阅读学习、考试
能力培养	全局观、系统观、大局观、战略思维和动态思维等	认识论和方法论	讲授、阅读、讨论、自主收集资料、分析、展示、模拟体验、论文或评论写作
价值塑造	全球关切、家国情怀、探索精神等	价值理念和精神追求	前两个维度安排落实的自然结果，无须额外安排

三、全球经济治理概论课程思政的设计思路

依据教学目标的知识讲授、能力培养和价值塑造三个维度，本课程通过三条途径提供思政价值：一是分享和分析中国对全球经济治理的多维度参与；二是运用马克思主义认识论和方法论分析全球经济治理问题；三是以家国情怀、全人类共同价值引领全球经济治理学习和研究。课程思政的设计思路如图1所示。

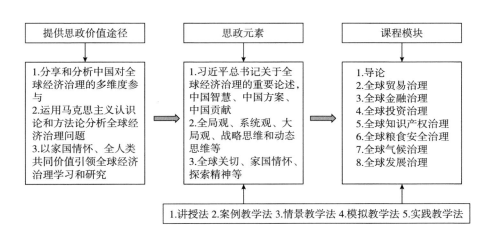

图1 全球经济治理概论课程思政的设计思路

资料来源：许强，陈衍泰，陈依，等．企业战略管理［M］//李正卫，陈衍泰．管理学类课程思政案例选编．北京：经济科学出版社，2019．

（一）教学内容

本课程的具体教学内容如表 2 所示。

表 2　全球经济治理概论课程安排

章节内容	思政元素	相关联的专业知识和教学案例
全球经济治理导论	习近平总书记关于全球经济治理的重要论述，全球治理中的中国智慧、中国方案、中国贡献；全局观、系统观；全球关切、家国情怀、探索精神	（1）全球经济治理的必要性、机制、成就和挑战，全球经济治理与中国 （2）全球经济治理中的中国方案与贡献：从全球治理要素和国际公共产品的视角，总结中国在全球治理中所提方案和所做贡献的主要特点
全球贸易治理	习近平总书记关于全球贸易治理的重要论述，全球贸易治理中的中国智慧、中国方案、中国贡献；系统观、战略思维、动态思维；探索精神	（1）全球贸易治理的必要性、机制、成就和挑战，全球贸易治理与中国 （2）多方临时上诉仲裁安排：自 2018 年起，由于美国的阻挠，WTO 上诉机制面临前所未有的危机，2020 年 7 月 31 日，中国、欧盟和其他多个 WTO 成员联手建立"多方临时上诉仲裁安排"
全球投资治理	全球投资治理中的中国方案、中国贡献；系统观、战略思维、动态思维；探索精神	（1）全球投资治理的必要性、机制、成就和挑战，全球投资治理与中国 （2）《G20 全球投资政策指导原则》：2016 年 G20 杭州峰会中国推动通过的《G20 全球投资政策指导原则》是国际社会首次在多边机制下就全球投资规则的制订达成共识
全球金融治理	全球金融治理中的中国方案、中国贡献；系统观、战略思维、动态思维；全球关切、探索精神	（1）全球金融治理的必要性、机制、成就和挑战，全球金融治理与中国 （2）亚洲基础设施银行：首个由中国倡议设立的多边国际金融机构
全球知识产权治理	全球知识产权治理中的中国方案、中国贡献；系统观、战略思维、动态思维；探索精神	（1）全球知识产权治理的必要性、机制、成就和挑战，全球知识产权治理与中国 （2）《视听表演北京条约》：中华人民共和国成立以来第一个在我国缔结、以我国城市命名的国际知识产权条约
全球粮食安全治理	全球粮食安全治理中的中国方案、中国贡献；系统观、战略思维、动态思维；全球关切、家国情怀、探索精神	（1）全球粮食安全治理的必要性、机制、成就和挑战，全球粮食安全治理与中国 （2）《中国的粮食安全》白皮书：中国对本国粮食安全的坚实保障和对世界粮食安全的有力维护
全球气候治理	全球气候治理中的中国方案、中国贡献；系统观、战略思维、动态思维；全球关切、探索精神	（1）全球气候治理的必要性、机制、成就和挑战，全球气候治理与中国 （2）2015 年巴黎气候大会：在中国的调解下，各方同意达成一致协议

章节内容	思政元素	相关联的专业知识和教学案例
全球发展治理	全球发展治理中的中国方案、中国贡献；全局观、系统观、战略思维、动态思维；全球关切、家国情怀、探索精神	（1）全球发展治理的必要性、机制、成就和挑战，全球发展治理与中国 （2）"一带一路"倡议：共建"一带一路"对沿线国家和地区经济社会发展的作用及展望

（二）教学方法与手段

全球经济治理概论课注重与全球治理相关的理论主张与全球经济治理实践的联系，注重利益、权力、制度和信息的多维分析，注重学生学习兴趣和探索精神的培养，注重学生分析能力和洞察力的提升，注重学生基本知识和技能的掌握与应用。作为一门新课程，全球经济治理概论以课堂讲授为主，第二章至第八章运用案例教学法，组织两次情景教学，在条件允许的情况下组织一次实地参观。具体安排如下：

讲授法：教师讲授有关全球经济治理的基本理论主张、全球经济治理的基本实践概况和中国参与概况，让学生具备基本的知识体系，促进学生分析能力的提升和系统思维的培养。

案例教学法：教师在课程中引入中国参与全球经济治理的真实案例，通过学生小组分工合作搜集整理案例、学生个人阅读案例、全班讨论分享案例三个环节的学生间互动、师生互动，提升学生收集分析材料的能力和表达能力。

模拟教学法：教师通过在课堂上组织世界贸易组织模拟、中美贸易谈判模拟等活动，让学生在模拟谈判和角色代入中体会国家间利益博弈，激发学生的学习兴趣和活跃思维，促使他们更主动和深入地去思考国家在全球经济治理中的策略选择。

实践教学法：教师组织学生参观国际经济组织在北京的机构或办事处，直接接触国际组织的公职人员，了解国际经济组织的运行和日常工作，培养学生对全球经济治理的探索兴趣。

四、教学案例：全球经济治理中的中国方案与贡献

（一）教学案例简介

"全球经济治理中的中国方案与贡献"以全球治理理论的视角来解读中国在全球经济治理中所提方案和所作贡献，是《全球经济治理概论》教材第二节"中国参与全球经济治理概况"的内容，被制作成 15 分钟的"时雨微课"，采用的授课形式为讲授，"时雨微课"的授课形式为"PPT 展示+声音"的视频录播。

（二）教学案例设计

1. 教学内容

"全球经济治理中的中国方案与贡献"共有四部分，教学内容分别为中国的全球经济治理角色、中国的全球经济治理方案、中国的全球经济治理贡献、对中国方案与贡献的展望（"时雨微课"增加了"全球经济治理的概念和作用"）。

2. 教学目标

让学生了解中国参与全球经济治理的历程，熟练用全球政治经济学、治理理论和公共产品理论的视角、概念分析中国参与全球经济治理的实践；掌握中国的全球经济治理方案与贡献的总体特点（"时雨微课"增加了让学生了解经济全球化与全球治理关系的教学目标）。

3. 思政元素

后金融危机时代的全球经济治理中的中国方案与贡献，是中国在习近平新时代中国特色社会主义思想中的全球经济治理相关内容指导下的国家实践，是在全球经济治理领域的展示与应用。那么，"中国方案"与"中国贡献"作为一个整体是什么样的，如何观察并分析它们？这些需要老师在课堂上予以回答。授课教师结合全球政治经济学理论、治理理论和公共产品理论，来分析"中国方案"和"中国贡献"作为一个整体所具有的特点。由此得出的初步结论，能够丰富我们对习近平新时代中国特色社会主义思想的理论内涵和实践应用的认知，增强

我们对习近平新时代中国特色社会主义思想的信心和民族自信心。

（三）教学案例实施

全球经济治理概论课实施第 2~5 部分，"时雨微课"实施第 1~5 部分。

1. 全球经济治理的概念和作用

问题：什么是全球经济治理？为什么要进行全球经济治理？

讲解：全球经济治理的概念、进行全球经济治理的原因、相关概念的说明。

总结：经济全球治理的动因和必然性。

2. 中国的全球经济治理角色。

问题：中国在全球经济治理中扮演什么样的角色？

讲解：中国在全球经济治理的角色变化和现状。

3. 中国的全球经济治理方案

（1）选取何种视角分析问题。

讲解：以全球经济治理的五个要素考察"中国方案"。①

（2）方案设定的治理目标。

讲解：中国方案目标上的特点并以使用事实作为例证。

（3）方案提出者的主体能动性。

讲解：中国作为方案提出者能动性上的特点并以事实作为例证。

（4）方案针对的问题领域。

讲解：中国针对问题领域的特点并以事实作为例证。

（5）方案给出的解决办法。

讲解：中国方案给出的解决办法的特点并以事实为例证。

（6）方案执行的实践效果。

讲解：中国方案执行的实践效果的特点并以事实为例证。

（7）中国方案的总体特点。

总结：概括总述中国方案的特点。

---

① 隋广军，等. 全球经济治理新范式［M］. 北京：科学出版社，2020.

4. 中国的全球经济治理贡献

（1）选取何种分析问题的视角。

讲解：以公共产品特点来考察"中国贡献"。

（2）公共产品的体系架构分布和产品分类。

讲解：中国贡献在公共产品的体系架构分布和产品分类上的特点，以事实为例证。

（3）公共产品的市场契合度及与现有主导产品间的关系。

讲解：中国贡献的市场契合度及与现有主导产品间的关系上的特点，以事实为例证。

（4）公共产品的创新程度和文化特色。

讲解：中国贡献在创新程度和文化特色上的特点，以事实为例证。

（5）公共产品的可替代性和历史意义。

讲解：中国贡献在可替代性和历史意义上的特点，以事实为例证。

（6）中国贡献的总体特点。

总结：概括总述中国贡献的特点。

5. 对中国方案与贡献的展望

（1）展望的依据。

讲解：经济全球化、全球经济治理的基本现状和前景，中国目前面对的形势和采取的策略。

（2）展望的结论。

讲解：中国将更深刻影响世界。

五、教学案例的教学效果

在教授全球经济治理相关内容及与学生交流的过程中，授课教师发现学生都关注过"一带一路"倡议、中国倡议建立的亚洲基础设施投资银行、金砖国家新开发银行、中国主办的 G20 杭州峰会等有关中国参与全球经济治理事件，但更多的是把这些视为国际政治或经济新闻热点，作为一个个事件加以关注和分析；

学生也接触和使用过"中国方案""中国贡献"这些表述，但更多时候是为此感到骄傲和自豪。对于中国的全球经济治理方案和贡献，学生还相对缺乏整体性的思考，缺乏综合运用多学科理论知识分析全球经济治理的体验。

由此，需要综合运用多学科理论知识，来观察分析"中国方案"和"中国贡献"，由此对"中国方案"和"中国贡献"形成一个整体性认知，并提升学生知识转移应用和系统性思考的能力。

从部分学生提交的课后体会来看，本案例教学较好地发挥了课程思政的目的，达到了教学要求。

同时，授课教师发现，讲义内容与最初的自我期待相比，还有较大的差距。授课教师深刻体悟到，若要更深刻、生动地呈现和分析中国对全球经济治理的参与，自身在政治思想学习、授课素材积累、研究方法运用、专业理论运用上还需要进行很大的提升。

以下为具有代表性的学生课后体会：

学生1：学习完"全球经济治理中的中国方案与贡献"，我更深刻地理解了全球经济治理的概念，明确了其核心是供给全球公共产品。跟随老师的讲述，回顾中国从全球经济治理体系边缘步入舞台中央，并结合五大要素分析中国全球经济治理方案，我深刻地感受到中国作为一个发展中大国在全球经济治理过程中秉持着互利共赢的初心、承担着直面挑战的担当、殚精于全面细致的规划、发挥出创新务实的智慧。与此同时，我们提供契合实际需求的全方位、全品类全球公共产品，为当前全球经济治理做出了不可替代的贡献。而正是我们的这些努力和贡献，才更好地配合协调全球社会渡过危机、走出阴霾、解决赤字、共谋发展，发挥出全球经济治理真正的作用。老师在课程中的讲述全面细致、逻辑清晰、深入浅出，让我更加全面深刻并且极富认同地理解和感受到中国在全球经济治理中的领导作用和共赢理念，我也将更愿意研究甚至未来从事中国参与全球经济治理的活动。

学生2：从思想政治的角度来讲，这堂课让我深刻感受到中国在世界政治舞台和经济舞台上的成长与突出贡献。自20世纪70年代初，中国初入政治舞台参与国际事务，到如今的中国特色社会主义新时代，中国已然成为全球经济治理的"国际榜样"，这段美妙而鼓舞人心的奋斗历程在这堂课上被又一次精彩地再现。在老师的讲述中，我读到的中国有责任、有智慧、有担当，是经济全球化的受益者，也是推动者；中国经济发展的态度积极友好，是合作的、共赢的；"中国方案"的贡献覆盖面积广，是全方位的、全品类的；中国推动全球经济发展的初心从未改变，是历史的，更是未来的。

从学术专业的层面来讲，这堂课又像是一把打开我知识大门的"钥匙"，它给予我肥沃的养料，引导我奋勇前进的方向。在课上，老师首先回答了"什么是全球经济治理"这一问题；其次围绕中国在全球经济治理中的"角色""方案"和"贡献"，系统性地向我们展现了全球经济治理中的"中国智慧"；最后在提出未来世界经济全球化、复杂化、多变化等一系列基本假设后，结合当今时代现状，为我们展开了一幅中国发展的"壮美蓝图"，与我们一同展望了中国在全球经济中的发展前景，并期待着中国以更加积极的姿态推助全球经济不断向前发展，做出更大、更有价值的贡献。

学生3：在这个世界变革越加深刻、国际局势越发动荡的时代，经济问题始终是国家发展和世界进步要关注的热点，那么各国围绕单一国家无法解决的全球性经济问题进行协调处理——全球经济治理，就变得尤为重要。

通过学习"全球经济治理中的中国方案与贡献"，我了解了中国在全球经济治理中的角色、方案和取得的贡献。自中华人民共和国成立以来，我国从全球经济治理体系的边缘逐渐成为这一领域的主动建设者和重要贡献者，结合老师的讲授和自身观察，我切实体会到中国在全球经济治理中所展现出来的平等、互利、共赢理念，中国以"人类命运共同体"的外交理念作为指引，覆盖领域十分广泛，方案实践与时俱进、不断创新，在为全球提供公共产品的同时也贡献了中国外交智慧，取得了多方面的成果。

然而，当今全球经济格局深刻动荡调整，全球经济治理面临诸多不确定性，中国参与全球经济治理面临诸多困难和挑战，作为学生，我们或许无法全面深刻体会到中国积极参与全球经济治理带来的红利，但是在经济全球化背景下，国内经济相对平稳，这与中国在国际经济治理层面的努力密不可分，期待中国的全球经济治理方案可以为世界变局贡献更多智慧。

学生4：全球经济治理即解决超越国家边界的公共产品供给的问题。中国能够参与到全球经济治理事物中，有赖于经济实力的提高以及综合国力的增强，进而加入各种政治经济国际组织。即中国加强了自身实力，才能更好地参与全球经济治理进程，为全球经济治理做出贡献。

中国给出的经济治理方案蕴含了"合作共赢"的理念，展示了发展中大国的责任担当，有覆盖议题广、创新、灵活的特点。

中国对全球经济治理的贡献是巨大的，提供了各个方面、各个品类、契合实际需求的公共产品，中国的贡献也是具有创新性的，体现了中国文化和中国特色。

中国应该进一步加强本国综合国力，提高经济实力，这样才能为全球经济治理做出更进一步的贡献。

16. 财政支出政策绩效评价指标
体系的构建研究

——以高素质农民培育财政补助政策为例

施青军　杨　帆　苏德芳

一、课程思政案例介绍

　　财政支出政策绩效评价是一种典型的公共政策评价（Public Policy Evalua-tion）。作为一种公共政策评价，其绩效评价的对象是一种特定的公共政策，即涉及财政资金使用或支持的公共政策。这种特点的公共政策大多是分配性或再分配性的政策。美国政策学家安德森认为，公共政策实施的有效性很大程度上依赖于政府对其的资金支持。[①] 因此，可以说，大部分的公共政策评价都是财政支出政策绩效评价。在财政支出政策绩效评价中，评价指标体系的构建是一个关键性内容。世界银行专家库赛克和瑞斯特认为，指标开发是建立结果为导向的监测与评价体系的核心，它决定着数据收集、数据分析以及报告成果等所有后续工作。[②]

　　作者简介：施青军，中央财经大学政府管理学院教授，行政管理系主任。研究方向：公共政策分析与评价。杨帆，中央财经大学政府管理学院博士研究生。研究方向：公共政策分析与评价。苏德芳，中央财经大学政府管理学院博士研究生。研究方向：公共政策分析与评价。

　　① 詹姆斯·安德森. 公共政策制定［M］. 谢明，等，译. 北京：中国人民大学出版社，2009.
　　② 库赛克，瑞斯特. 十步法：以结果为导向的监测与评价体系［M］. 梁素萍，韦兵项，译. 北京：中国财政经济出版社，2011.

就是说，指标开发不仅影响指标体系的构建，而且影响评价报告的质量。本课程的特点是，从结果为导向的评价理念出发，在借鉴前人研究成果的基础上，以相关性、效果性、效率性、公平性与可持续性五个评价标准（或评价维度）为核心，建构财政支出政策绩效评价指标体系，并以农业农村部高素质农民培育财政补助政策为例，对财政支出政策绩效评价指标的开发及其基本逻辑进行深入分析。

二、课程思政元素分析

2018 年 9 月，《中共中央　国务院关于全面实施预算绩效管理的意见》（以下简称《意见》）提出，将政策和项目全面纳入绩效管理，从数量、质量、时效、成本、效益等方面，综合衡量政策和项目预算资金使用效果。在支出方面，要重点关注预算资金配置效率、使用效益，特别是重大政策和项目实施效果。为此，本课程从结果为导向的评价理念出发，研究财政支出政策评价指标体系的构建思路与逻辑，不仅遵循和贯彻了《意见》的精神，而且贯彻了习近平总书记以人民为中心的发展思想。2016 年 1 月，在省部级主要领导干部学习贯彻党的十八届五中全会精神专题研讨会上，习近平总书记指出："以人民为中心的发展思想，不是一个抽象的、玄奥的概念，不能只停留在口头上、止步于思想环节，而要体现在经济社会发展各个环节。"具体来说，就是要在财政支出政策绩效评价中，关注是否把财政资金风险控制好、合理配置好、有效管理好，更高质量、更有效率、更加公平、更可持续地提高公共服务质量和水平，不断提升人民的获得感、幸福感和安全感。

三、课程思政教学案例的设计与实施

（一）教学目标

1. 课程知识目标

（1）认识财政支出政策绩效评价的基本性质。

（2）了解财政支出政策绩效评价的基本分类（包括事前、事中、事后评价及影响评价）。

（3）了解绩效评价框架的构成。

（4）了解政策绩效评价指标设计的基本逻辑。

2. 课程能力目标

（1）树立结果为导向的基本评价理念。

（2）掌握结果为导向的政策评价逻辑。

（3）学会运用结果链评价工具。

（4）掌握开发政策绩效评价指标体系的基本步骤与方法。

（二）案例分析

1. 案例概述

农业、农村现代化离不开农民的现代化，乡村全面振兴迫切需要培育一大批高素质的农民，为发展现代农业、建设现代农村提供人才支撑。党中央、国务院高度重视农民素质能力提升问题，从 2012 年开始，中央一号文件连续数年对农民教育培训做出部署。党的十九届五中全会强调，要提高农民科技文化素质，推动乡村人才振兴。中共中央办公厅、国务院办公厅印发的《关于加快推进乡村人才振兴的意见》明确提出，深入实施现代农民培育计划，重点面向从事适度规模经营的农民，分层分类开展全产业链培训，加强训后技术指导和跟踪服务，支持创办领办新型农业经营主体。国务院印发的《全民科学素质行动规划纲要（2021—2035 年）》也提出，以提升科技文化素质为重点，提高农民文明生活、科学生产、科学经营能力，造就一支适应农业农村现代化发展要求的高素质农民队伍，加快推进乡村全面振兴。

基于上述的政策文件，农业农村部设置了高素质农民培育计划。该计划围绕"保供固安全、振兴畅循环"工作定位，坚持"需求导向、产业主线、分层实施、全程培育"，积极推进新型农业经营和服务主体能力提升、种养加能手技能培训、农村创新创业者培养和乡村治理以及社会事业发展带头人培育等，培养适应农村产业发展、乡村建设急需的高素质农民队伍。

培训类型主要包括经营管理型、专业生产型和技能服务型。经营管理型重点培养新型农业经营主体带头人、创新创业带头人和农业经理人，提升培训对象的生产组织、人员管理、市场开拓、产品营销和风险防控能力。专业生产型主要培养掌握现代农业生产技术并直接从事种植、养殖和农产品加工的高素质农业劳动者，提升培训对象的生产组织能力和技术技能水平，提高其生产效率、质量标准和绿色发展水平。技能服务型主要培养掌握专业知识技能的农业专业技术服务人员，提升培训对象所从事产业或所在岗位的核心能力、专业知识和操作技能，以及为农业生产提供专业化服务的能力水平。

2018～2020 年，中央财政支持高素质农民培育项目资金分别为 20 亿元、20 亿元、23 亿元。补贴对象为承担高素质农民培育任务的机构或个人（农民免费参加培训），培训对象为新型农业经营和服务主体带头人、种养加能手、农村创新创业者和乡村治理及社会事业发展带头人等。经营管理型培训原则上不少于120 个学时，建议补助标准为 3000～4000 元/人·年，现代青年农场主、农业经理人建议补助标准为 5000～10000 元/人·年。专业生产型和技能服务型培训原则上不少于 40 个学时，建议补助标准为 1000～1500 元/人·年。培训天数和具体补助标准由各省份农业农村部门结合实际确定。

2. 绩效评价指标框架

为全面了解 2018～2021 年农民高素质培育政策的实施成效，2021 年 10 月，农业农村部计财司委托其部属工程建设服务中心对该项补助政策进行绩效评价。农业农村部工程建设服务中心以"五性"评价标准（相关性、效果性、效率性、公平性和可持续性）为核心，构建了此次高素质农民培育政策的绩效评价指标体系。

（三）教学过程安排

问题引入：财政支出政策绩效评价的中心问题是什么？

首先，带领学生学习财政支出政策绩效评价的基本概念、性质与特点，从而阐明财政支出政策绩效评价的中心问题——分析财政支出政策的有效性。

其次，教师在阐明财政支出政策绩效评价的中心问题的基础上，讲出绩效评价的基本理念——结果导向的评价理念（重点关注政策的实施结果，关注政策产出和成效的实现）。

再次，师生分析结果为导向政策评价的基本逻辑，即相关性分析、效果性分析、效率性分析、公平性分析和可持续性分析。具体如下：

（1）相关性分析。相关性分析代表了对政策目标与方案适当性的基本考量，它是评价政策实施效果的一个前提。

（2）效果性分析。效果性分析主要关注政策的实施效果。不论财政支出政策的目标和设计在描述政策目标、实施方案上做得如何好，都不能据此判定政策的成功，除非支出政策的确取得了预期的成效或效果。

（3）效率性分析。政策的目标和方案设计的如何，取得的成效如何，对于利益相关方而言虽然都是不可缺少的信息。然而，在任何情况下，决策者还需要知道，与成本相比较，政策的效果如何。为此，效果性评价之后，还需要进一步分析政策的成本效益性，也就是进行效率性评价。

（4）公平性分析。一项财政支出政策可能既有效果又有效率，但是它仍然有可能因为成本和收益的不公平分配而失败。因此，政策受益的公平性评价也不可或缺。公平意味着，政策活动不仅应当保障公民平等权利和自由的实现，促进公共服务供给的均等化，更有责任和义务为社会弱势群体提供基本公共服务。

（5）可持续性分析。一项财政支出政策不但要具有效果性、效率性和公平性，其活动的收益还应该随着时间的推移具有可持续性，为此在对效果性、效率性和公平性进行评价之后，还需要进行政策的可持续性分析。

最后，以高素质农民培育政策为例，进行财政支出政策绩效评价的指标设计。引导学生在上述相关性分析、效果性分析、效率性分析、公平性分析和可持续性分析的基础上，探讨构建二级、三级指标（在这里，根据需要将"公平性"改为"满意度"）。

相关性的指标设计。相关性主要设计了以下三个二级指标，即绩效目标与地方培训需求是否相匹配（相应的三级指标包括绩效目标的明确性、地方培训需求的明确性、绩效目标与需求的一致性）；实施方案是否与绩效目标匹配；预算安排与绩效目标是否相匹配。

效果性的指标设计。相关性主要设计了以下两个二级指标，即政策是否实现预期产出（相应三级指标包括实际完成培训人数/计划培训人数、实际完成培训课时/计划完成培训课时）；政策是否实现预期效果（相应的三级指标包括通过考核人数/参加培训人数、调查学有成效的人数/参加调查人数）。

效率性的指标设计。效率性主要设计了以下二级指标，即政策投入是否具有传播效益性（相应的三级指标为培训成本/参加培训人数×课时）

满意度的指标设计。满意度主要设计了两个二级指标，即培训学员满意度；其他利益相关方满意度。

可持续性指标设计。可持续性主要设计了两个二级指标，即主管部门是否制订长期的培训规划；培训是否具有长期资金保障。

四、课堂小结和作业布置

（一）课堂小结

课上对财政支出政策绩效评价的概念、性质、评价框架的构成和指标开发的逻辑进行复习；回顾高素质农民培育绩效评价指标开发的典型案例。

（二）作业布置

教师将学生分成两个小组，对给定的政策运用所讲的指标框架构建评价指标体系。

练习一：对"耕地地力保护"政策进行绩效评价。

练习二：对"农机报废更新补贴"政策进行绩效评价。

五、课堂教学总结

1. 课程创新点

（1）通过具体案例分析，建立起学生对政策内涵的挖掘，强化学生从学习政策逐步转向分析政策。促进学生学政策的同时掌握科学的政策绩效评价方法，并构建合理、有效的评价指标体系。

（2）专业知识点与课程思政元素有机结合，教师既讲授了专业知识，又对学生进行了生动、具体的思想政治教育，使学生深刻地领会了《意见》的精神和党的乡村振兴战略的重大意义。

2. 今后改进思路

教师后续将带学生实地开展调研活动，在实践调研地区发放问卷、进行访谈，参与政策绩效评价的各个环节。

六、教学反思

1. 实施效果

（1）专业知识点（政策评价指标开发）与课程思政元素有机结合，较好地解决了高等教育中存在的"两张皮"问题。

（2）摆事实讲道理，使感性认识与理性认识相结合，提高学生学习的接受度与理解深度。

（3）在专业知识教育中旗帜鲜明地讲政治、讲立场，立德树人、全面育人。

2. 存在问题及今后的改进思路

本课程主要为课堂讲授与交流互动，有较为丰富的学习材料，但是脱离了实际的绩效评价实践，后续教师将带领学生适度参与实地考察和相关实践活动，切实增强学生的思想认识与行动能力，力求取得更好的课程实施与育人效果。